U0038010

iCON

.com世代的生活美學

我不是教你叛逆，而是要你勇敢

鄭匡宇—著

Lon—圖

名家推薦——

這本書，就是在家長、老師的陪伴之外，另一項新的選擇

【愛情心理學家】海苔熊

在陪伴孩子的這些旅程當中，我發現有些孩子其實很棒、很窩心，但不是被班上同學排擠、霸凌，就是愛錯卻放不下掛心，甚至有的還因為「痴痴等待，被當變態」。我所擅長的心理學，雖然多少能讓孩子感覺到被同理包容，但還是得他們「接納」自己的好與壞，所有的改變與影響才能奏效；而很多時候大人的虎口婆心，也比不上同儕的一句慫恿有力。

匡宇哥這本書用貼近孩子的文字，從兩性、自信、人際、學業、金錢談到生涯，點出很多老師和家長不願意說破，但孩子們遲早要面對的人生問題與觀點。例如「這樣也很好」與「沒什麼大不了」的轉

念，其實就是正向心理學上的「彈性樂觀」，還有「我無法控制別人，但可以照顧自己」，其實就是俗諺常云的「反求諸己」，而匡宇哥用許多生動有趣的例子，以及「兩點式」摘句，不廢話、不說教，直接打中這些青少年的心！

像書中說的，「我有喜歡別人的權利，但別人也有不喜歡我的權利」，其實就是把情緒的遙控器留在自己的手裡，慢慢練習，不再為愛、為人際，患得患失。人際關係與認識自己是一輩子的課題，有時候複雜到我們難以跟「狂飆期」的孩子說明，該如何去面對這些成長中必經的困境。這本書，就是在家長、老師的陪伴之外，另一項新的選擇！

名家推薦——

跟著匡宇老師勇敢追夢，您就會成為人生贏家

【樂學網總經理】張財銘

看到匡宇兄寫的這本書，我心裡很替那些有機會接觸到這本書的同學或朋友感到高興。在過去三年裡，我們在台中、南投、雲林、嘉義、台南、屏東等各縣市推動「學測升學志工輔導團」的過程中常會發現，許多中南部的學生雖然也有豐富的志工、社團、班級幹部或參加營隊的歷練。但常常因為無法在口試中，透過自信、有條理的方式將自己的優點展現給口試的教授，所以沒能拿到好的口試分數。

這樣一來，可能就會產生空有學測高分，但最後仍在激烈的口試中落榜的情況。更糟的是，如果自己學測推甄落榜後，仍無法勇敢的面對挫折，快速調適心情來準備七月份的指考，那最後大多也很難

考上心中理想的大學。

為了減少這類的情況，在教育資源比較缺乏的地方，志工輔導團每年都會舉辦數十場的活動來協助這些在溝通能力、口語表達方面都比較缺乏機會練習的孩子。往年，我們大多選擇在學測考完後，密集的舉辦填志願、口面試、備審資料等志工服務，雖然可以馬上給予即時的幫助，但總感覺有點倉促。

因此，為了可以更提早協助這些需要幫助的孩子，今年我們採取許多新措施。包含把時間提前到暑期就開始進行：邀請當年上榜的優秀同學擔任志工，希望以學長姐的學科準備或口面試的成功經驗讓同學當典範。

另外，也是我們今年開始的另一個重大突破就是，我們請匡宇兄去一些初高中幫同學上演講與口才練習課程，發現效果相當好。我們很開心的發現，只要給這些孩子一些實用的技巧與啟發鼓勵，孩子不但可以快速進步，且也會深深的被匡宇兄的衝勁所激勵與感動，並轉化成願意練習口語表達的動力。

《我不是教你叛逆，而是要你勇敢》不只教您學校不會教到的口語表達跟面試技巧。書中還會教導您如何幫自己擬定未來計畫，讓您可以勇敢追夢，這真的很重要。在升學志工團的輔導經驗中，只要學生能談出夢想，即使在升學資歷上有所欠缺，我們都可以建議出許多補強的辦法。但是，如果對自己未來發展沒有計畫與夢想的同學，我們就不知如何協助了。

除此之外，匡宇兄也把初高中生關心的金錢、健康觀念、有點敏感的愛情觀、升學夢想、能力養成、讀書方法、運動習慣、英文學習……等議題，透過深入淺出、生動有趣的例子，以大哥哥的視角讓同學不覺得是在看教條文章，我相信這樣一定可以讓那些沒有機會跟匡宇兄面對面接觸的同學也都能受益良多，讓匡宇兄的拚勁可以引領更多孩子積極向上。

名家推薦——

這是一本高校生們都會有興趣的經典小品

【Koobii 高校誌社長】劉易蓁

匡宇為《Koobii 高校誌》的人氣連載作家，文章深受讀者好評。用學生喜歡的語言談論學生的人生大小事，一直是匡宇能常保人氣作家的重要關鍵。了解潛規則永遠比了解一般規則更能決定勝敗，而《我不是教你叛逆，而是要你勇敢》就是透過犀利的觀點、有趣的筆觸去解析校園的潛規則，是一本高校生們都會有興趣的經典小品。

目錄

到底能愛？不能愛？

學習這條路，和你想的不一樣！

如何克服累死人的人際關係？

是金錢至上？還是要追逐夢想？

前言——年輕不必徬徨，你能做到比自己想像得更好

我一直很想出一本勵志書，是那種自己在高中或大學的時候如果看到，會驚呼：「啊，這不是我最需要的嗎？還好我現在就看到了！」的書，它可以解決我關於愛情、人際、金錢、健康和夢想的種種問題，不僅提供正確的觀念，更對於許多細節及難關，提供切實可行的解決方法。

而你正在閱讀的，就是這樣一本書！對於情竇初開的你，我不會專斷地要求你「給我好好唸書，談什麼戀愛?!」而是幫助你分析自己，是不是一個適合在這個時候追求愛情的人？面對拒絕和分手該怎麼處理？並且即使不談戀愛，也能把握好兩性相處的訣竅，不至於到了適合談戀愛的時候，卻失去了愛人和被愛的能力，只因為「從來沒

好好了解和接觸異性」。

人際關係，更是在就學時期乃至出社會後十分重要的一環。如何一進入新團體就贏得好人緣？怎樣面對朋友之間的競爭、猜忌與詆毀？朋友有難，真的不問是非就一定該兩肋插刀？如何打理好跟父母師長間的關係，讓自己的日子好過一點？……等等這些困擾著年輕人的問題，我在書中都有非常詳盡的分析說明，讓你不管進入任何一個新環境，都能打好與周遭的人際關係，避開可能傷害你的人、事、物，讓好人緣為你的當下及前程奠定絕佳的基礎。有了這份實力，未來人生的道路，必將走得十分平順。

更別說，這本書將會幫助你看清「學習」這件事背後的意義，以及該如何堅定朝著自己的夢想和目標邁進。說到夢想和目標，許多大人都一再告誡你們夢想和目標的重要性，問題是，過度的保護再加上社會大環境的委靡消極，許多人根本不知道自己的目標和夢想是什麼，更遑論如何去追求它們。針對這一點，書中也提供了如何找到自己目標和夢想的方法，更預先討論了在築夢的路上可能會

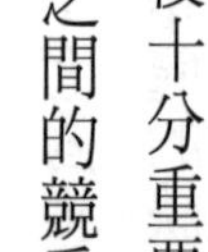

遇到的問題、過程中該如何有效地行銷自己、以及遇到挫折時該怎麼加以轉換逆境變為積極向上的動力。這些，都是學校不教，或者教不會大家的事。

這本書還有一個獨有的創意，就是與知名插畫家 Lon 聯手，搭配我的文字，附上一系列精采的插圖，它們能讓你在看的時候發出會心一笑，也能讓你在思考某些問題時瞬間開竅，輕鬆閱讀之餘，達到有效吸收的效果。

太死板、說教式的內容，不僅對大家產生不了正面的作用，還容易造成反效果，但我們用最平易近人的方法，陪伴你一起去回憶、經歷、預想種種在這段青春歲月中會遇到的不同遭遇，學習面對它們、了解它們、克服它們、接受它們、轉化它們、放下它們，成為最美好的經驗和回憶。

任何書籍或教材，光是閱讀，效果必定有限。希望大家閱讀之後，更能真的被書中的文字和案例深深鼓舞，並且採取行動！現在的我，時常受邀到各大專院校分享自己就學時期的故事，和大家分享一路奮鬥的經歷，希望看了這本書的你，也能開始過著積極進取的人生，在未來的五到十年內，比我更早回到自己的母校，分享屬於你們獨一無二的精采故事，站上更大的舞台，帶給其他人更大的影響力！

到底能愛？不能愛？

高中時期到底該不該交男女朋友？

看到這個主題，很多人一定想：「哎喲，搞什麼啊？這本書怎麼會討論這麼八股的議題啊？這不是老早就討論到爛掉的話題了嗎？」

的確，這個話題雖然一直被討論著，但大部分的人在思考這個問題的時候，都忘了「立場」這件事。

站在父母的立場，大多都希望自己的孩子在高中時代不要談戀愛，免得分心影響學業。不過他們往往忽略了一點：男女之間的相處和吸引，是越早開始，並且用越自然的方式來進行越好。父母「又要馬兒好，又要馬兒不吃草」，希望孩子學生時代都不要交男女朋友，但到了適婚年齡又要他們突然搖身一變成為魅力達人，能輕易找到優秀的對象結婚。問題是，愛情在現實世界裡頭，又很像一場指考或聯

考，是必須要學習並透過不斷的「模擬考」來磨練實力，才能進入自己理想的「學校」，也就是找到理想的另一半的。倘若從小沒有愛情方面的經驗，只會更容易隨著年齡的增長，變成所謂的宅男宅女，越加不敢與外人互動和接觸，不僅不容易交到知心好友，也難尋覓到理想的伴侶。父母這種「船到橋頭自然直」的想法，不免顯得好高騖遠，不切實際。

而站在學生的立場，大多都會覺得「既然喜歡，就應該在一起」，畢竟所有過來人都知道，學生時代的愛情，是最美也最單純的，很少女生會去在乎對方家裡是否有車有房，雖然男同學還是喜歡所謂的正妹。不過，在高中這個時期，同學們確實也像父母們所擔心的，由於心智尚未完全成熟，判斷力和自制力還不夠，很容易在學習和談戀愛這兩件事情上找不到平衡點，因為對對方的朝思暮想而失去唸書的動力，甚至由於家長的反對而興起「誓死捍衛愛情」的衝動，犯下無法挽回的錯誤，傷害自己也傷害對方。

於是，我認為在看待這件事情的時候，不應是「高中時代該不該交男女朋友」這個命題，而是「身為高中生的你能不能交男女朋友」這個命題，反而顯得更加重要。我在這裡所謂的能不能，是指「能力」的意思，而且又分成兩個層次。

第一個層次是你有沒有吸引異性的能力？包括是不是能自然自信又大方地跟異性同學聊天相處、是否重視自己外貌的形象與打扮、是否幽默風趣又積極樂觀、是否有自己專注的事情並充滿熱情、是否懂得培養興趣並且在自己的天賦才華上累積實力……具備上述這些條件與能力的人，當然能夠吸引到異性對他們產生好感與興趣，這種人即使在高中時代因為父母的課業要求而不交男女朋友，但一上大學或就業後，同樣魅力無窮，能吸引自己喜歡的異性，兩情相悅，好好地談一場戀愛。

第二個層次的「能力」，則是指自我瞭解和自我控制的能力。並不是每個人交男女朋友都會分心，有人就是為了吸引功課比自己優異的異性同學，反而更加發憤圖強，贏得良好成績，或者在其他才藝方面同下苦功，以期吸引對方的注意；也有人是因為害怕父母知道自己在談戀愛後，會因為擔心學業退步而嘮嘮叨叨甚至大鬧一場，於是努力讓自己的課業表現維持在水準之上，這樣父母便無法置喙，放任他（她）自由戀愛。如果你正是屬於這一類的人，那麼學生時代談戀愛也是一件很好的事啊！

但如果你知道自己不是這種愛情與課業同時兼顧的人，那麼請還是以課業為重。因為根據我的經驗，學生時代的愛情，大多是來來去去的，但會一直跟著你的，絕對是自己的父母，以及在學業上付出苦功後所達到的成就。如果一定得在兩者之中選擇一個，就選擇後者吧。反正你只要把自己的魅力提升，能力也提升，那麼永遠都能吸引到另外一位優質的異性；更何況，當你真的夠好的時候，當時「錯過」的那位異性，還是會對你念念不忘，當你再次出現在她（他）面前時，還是「一尾活龍」，你們的愛情隨時都能開始。

以我自己為例，我從學生時代就發現，自己有一種不服輸的性格。這種不服輸的性格，在青春期大大地幫助了我在學業上的進步。因為喜歡上的女孩子是中山女中、北一女中的高材生（為什麼有兩

為什麼我不能交男朋友？弟弟就可以？
……
而且還鼓勵弟弟交女朋友，根本是偏心！
……
1
2
3
4
妳跟弟弟是要阿母擔心死嗎??
弟弟已經夠老媽擔心了，妳還不懂嗎？
我…我…
媽我回來了，我跟同學去房間複習功課喔。
伯母好～
嗯，不准關房門！
……

個？因為前一個不理我，追了一年只好放棄），為了不讓她們瞧不起，也為了想和她們未來能上同一所大學更接近一點，我在高中的時候十分努力，每次讀書太累或者不想翻開書本時，就會想著「未來能和她們在同一所大學讀書」的畫面，於是又精神抖擻地翻開書本，繼續埋首苦讀。

這樣的精神，一直延續到了我後來的求學及就業路。出國唸書時為了能吸引日本女孩，我把日語學好；為了吸引韓國女孩，我也在短時間內把韓語能力搞定。更別說英語是世界級的語言，掌握了這把鑰匙，等於能和全世界的人溝通交流，於是我在美國讀書時，又把英語學到開口說話時，連美國人都覺得我應該是在美國出生長大的境界。這些能力，不僅讓我在談戀愛的時候，與其他國家的女孩沒有語言上的隔閡，更造就了我現在能夠做為中、英、日、韓多國語記者會主持人的實力。回想起來，不都是因為對愛情、異性的好奇，被適當轉換後的美好結果嗎？

於是，如果你也和我一樣，在這個階段對異性充滿了好奇，那麼，很好！請善加利用這種好奇，把它當作是全方位自我提高的動力，不要輕易聽信父母師長「不要談戀愛」、「不准談戀愛」的教條，而是多多思考，認識自己，在過程中發現自己到底適不適合在這個時期談戀愛，能不能把對愛情的嚮往轉化成讓自己奮發向上的推力，並且在過程中又可以與異性做自然的交流，那麼等到那個你心儀的她（他）出現時，你同樣可以毫無畏懼、充滿魅力地出現在對方面前，展現最好的自我，贏得屬於你的愛情。

娃娃同學我喜歡妳！
驚！
其實我也很欣賞小銘同學你，可是既然要交往，我們得先約法三章，OK 嗎？
OK!! 娃娃同學說的我都一定會做到！
首先每天早上要到我家樓下接我上學，因為想省零用錢買化妝品，要幫我買早餐，但我又想減肥，所以早餐熱量要控制在 200 大卡以下，中午實習商店人擠人的，所以要幫我跑腿買午餐，記得禮拜二跟四的體育課要送飲料，放學要幫我揹書包，送我回家，假日我得去圖書館唸書，所以得陪我去 ...
......
現在腿有一點酸，還有一些其他的，我們找個地方坐下來慢慢說好了。
我好像還沒做好交女朋友的準備 ...

先養成魅力，再克制魅力

和大家分享我對於「高中時代是否應該交男女朋友」這個議題的看法，並認為討論這個問題的重點，不是應不應該交男女朋友，而是你有沒有「能力」交男女朋友。這裡的能力指的是一種綜合的指標，包含了個人魅力、時間管理能力、協調溝通能力，以及最重要的：自律自制力。

個人魅力的部分，包含了你在外型上做適當不過度的管理，讓自己看起來總是乾淨清爽，甚至在假日和朋友外出時有型有款，並且除了把學業顧好之外，還參加學生社團，有自己感到興趣並想要專注的活動。當你參加了吉他社、熱舞社、合唱團、籃球隊、樂儀隊或者是服務性社團時，因為有機會表現自我，創造發光發熱的舞台，自然能夠吸引異性的注意，成為魅力四射的人物。我在學生時代認識的社長或社團幹部，幾乎都有男女朋友，就算沒有，也是他們不急著交而

不是交不到，因為他們總是有舞台能「被異性看見」，異性緣好得不得了。

「時間管理」同樣也是高中生最重要的能力之一。如何能在一天的課程結束之後，在最迅速的時間內完成作業，做簡短但深入的複習，去操場跑個幾圈強化體力，同時還能打幾場電腦遊戲，跟自己心儀的異性講個二十分鐘的電話……這不但是專注力的訓練，也是最佳時間管理的呈現。及早在學生時代就掌握了這項能力，未來上大學、當兵、出社會，便比其他人多了點對「時間管理」的敏感度，知道什麼時候該做什麼事、以及怎麼做會比較有效率，這是每位步入社會的青年人都該具備的能力。

想在高中時代結交異性朋友，還應該具備的是溝通協調的能力。你必須讓自己在學業和生活上的優異表現，成為說服父母不要擔心你會因為交男女朋友而分心墮落的有力證據。當你認真學習，誠心交友，又樂於跟父母分享每天的生活點滴，他們自然就能對你的交友狀況加以理解，多一份放心，少一份不安，不僅不會阻止你

嗚哇阿哈哈～
我的戰績又多
加一筆！
哼哼 ... 這戰績真是無人能敵啊 ...
挖！太 MAN 了～
不愧是在蒐集百
家姓的龍哥！
真是太風流了
戰績真是輝煌
1
2
3
4
這是 14 殺的
紀錄嗎？
還是同時腳踏 14
條船的紀錄？
是連續被 14 個女生拒絕
的紀錄 ...
是我被 14 殺
……

和朋友出去，還樂於讓你邀請朋友到家裡玩，這絕對是大家都樂於見到的結果。父母最怕的，就是孩子什麼都不說，那麼他們因為不了解再加上擔心，反而會給你更多的嘮叨和壓力，再惡性循環地讓你更不想說，他們也更想管。想讓父母「不管」或者是支持你，持續不斷地溝通和主動分享，反而是最好的方法。

學生時代的愛情往往很甜蜜，但也容易因為經驗不足或搞不清楚狀況，而讓自己憂鬱傷神。男同學一定有過這種經驗吧？參加校際活動或聯誼時認識了一位女孩，彼此的互動非常不錯，你來我往，打情罵俏，彷彿就像男女朋友一樣，讓你覺得兩人有一個非常溫馨自然的開始，眼看只差臨門一腳，只要下次再出來約會一次應該就能成為男女朋友了。沒想到，事情就在你急著告白，傳簡訊或在電話裡支支吾吾告訴她：「我喜歡你，請你做我女朋友」後，豬羊變色，急轉直下。她突然電話不接，簡訊不回，到她校門口等她時，裝作沒看見你，你多麼想趨前問個明白，又怕守門的教官把你當作色狼報警處理。

後來你輾轉從朋友那裡聽到，那位女孩覺得你好奇怪，她從頭到尾只把你當成一個「普通朋友」，沒想到你自作多情，開始一連串的「騷擾」，她覺得除非你願意退回原點，否則大家連朋友都不要做了！其實所謂的「朋友」，就是請你不要再和她聯絡，只要偶爾在放學或補習班時遇到打聲招呼（或者根本不要打招呼）就好。你大嘆：「為什麼？我到底做錯了什麼？她一開始的表現，分明是對我有意思啊！為什麼事情會變成這樣?!」

匡宇以過來人的經驗，在這裡就要告訴你，你其實是掉入了一個搞不清楚自己到底要什麼的魅力女孩所佈下的心理遊戲。這位女孩表現得美麗大方，親切有禮，但她最愛的是自己，只想證明自己的魅力！你不是不好，只是不夠好，不夠好到讓她願意不理會父母師長教她別太早交男朋友的教誨，也沒好到讓她想把你當成偶像般，不顧一切投入你的懷抱。你到頭來只成為她測試自己魅力的工具，拜倒在她的石榴裙下之後，她便對你以及你們的一切失去了興趣。

但話說回來，事情會搞到這樣，也不見得真的是對方想要賣弄自己的魅力，而是「你自己會錯意」，把人家的禮貌、溫柔和微笑，

當作是「只對你的禮貌、溫柔和微笑」。要避免自己自作多情會錯意，不要在一開始把對方當作「真命天女」，是每個男孩子最應該做好的心理準備。簡單地把她當作是一個不錯的朋友，但要不要進一步，等多了解之後再說，並且堅守「絕不口頭告白，只用肢體告白」的教條，那麼這種「急轉直下」、「高以翔變納豆」的窘境，就會與你永遠絕緣。

既然有這種喜歡誇示自身魅力的女生，同樣也會有喜歡到處放電的男生，能吸引到一個女孩喜歡他還不夠，他想成為的是人見人愛的萬人迷！於是他只會不斷地「發功」，然後讓喜歡上他卻又被他拒絕的女生傷心。

說真的，誰不想受人矚目？誰不喜歡被別人喜愛的感覺？但當你還不具備那種魅力時，需要培養魅力，才能吸引到那位你想吸引的異性，可是等你已經具備的時候，又要懂得收斂並限制自己的慾望，否則問題只會層出不窮。

別當個感情世界裡過多資源的掠奪者，因為難保被你玩弄於鼓

掌之間的「眾情人」中，不會有人因為受不了而瀕臨崩潰的臨界點，然後做出傻事，造成傷人害己的災難。許多校園內爭風吃醋的鬥毆，甚至情殺事件，都是異性關係處理得不好，或者當事人太過「博愛」所造成的，不可不慎！這是不管哪個年紀的男人和女人，都該嚴肅面對的課題。

嗯哼，有問題
問我就對了。
有內涵的人，就像 4 號電池，雖看起來不太起眼，但用處多多。
特技表演！
眼球分手～
有幽默感能娛樂大家的人，就像 1 號電池，外表滑稽，但電力十足。
1
2
3
4
放學後要去哪邊玩勒 ...
而帥氣的人，像 3 號電池，很常見，但水貨很多，常是中看不中用 ...
而且漏電問題嚴重 ...
LOVE

如何自然地認識異性朋友

搭訕，對於許多青年男女來說，是一個非常好奇又感興趣的話題。一方面很想學，一方面又覺得這個社會好像對搭訕保持著貶抑的態度，即使心裡十分想嘗試，卻又裹足不前。而我，在自己好幾本的著作中，都討論了「搭訕」這件事，並且把搭訕給重新定義，認為它應該是愛情和事業上的毛遂自薦，是一種積極的精神，從中能夠學到的是絕對的自信，極佳的溝通技巧，以及面對挫折的能力。

大家想想，難道不是這樣嗎？如果你能克服對心儀異性說話的恐懼，幾乎也等同於克服了上台報告、未來進入社會工作時開發新客戶的恐懼，而在過程中訓練出來的膽量、溝通技巧和面對拒絕的情緒管理，更能成為一生受用的工具，幫助你度過未來一個又一個的挑戰和低潮。因此，搭訕越早開始越好，而且不要僅限於異性，對於同性甚至是年長的人，也都該有這種主動開口，釋出善意的舉

動。但我知道正在看書的你，最想知道的，就是如何認識心儀的異性，讓我用一封讀者來信來解答你的這個問題吧。

曾經有位高中男生來信，說他在每天通勤的公車上，都會遇到一位讓他驚為天人的女校同學，他是多麼地想認識她，也認真研讀了我的《搭訕聖經》，卻還是害怕即使開了頭說話，對方若是不理不睬、嗯嗯哦哦，那麼以後每天還要搭同一班車上學，見面豈不是很尷尬？這是許多高中同學都曾經有過的苦惱，不是嗎？如果是你，該怎麼辦呢？當然，一般的師長父母一定會告訴你，高中時期就應該好好讀書，不要參雜男女情感在裡面，所以還是忘了那位女孩吧~這絕對是最安全也最「簡單」的做法，但其實這種對異性的好奇和興趣，如果沒有適當宣洩的管道，只會造成兩個更大的問題。

第一個問題，是讓原本也想好好讀書的人，更加沒有心思好好讀書，每天對「她」朝思暮想，然後朝思暮想成了幻想，導致「內傷」；第二個問題是，高中時期就沒有認識異性、吸引異性的能力，上了大學也不會突然就像打通任督二脈一樣，懂得這其中的奧義，贏得屬於自己的愛情。

因此，我認為比較中庸的做法，是抱著先認識、交朋友、多來往、共成長的心態，主動跨出交友的第一步，至於要不要交往成為男女朋友，再說。

就以那位想認識每天同車通勤女同學的高中生該怎麼辦來說，我必須老實講，主動搭訕的確是一件極為冒險的事情，因為它有可能成功，當然也可能失敗。成功的話你每天上學都開開心心，失敗的話也許就得換車上學避免尷尬，或仍然搭乘同一班車，但看著那位女孩躲避你的眼神，甚至看她交了男朋友還和對方打情罵俏而更加心痛。問題是，主動出擊還有一點機會，不去認識對方，心儀的女孩是不可能主動過來和你說話的。因此，搭訕就是你該做的事！

但同樣是搭訕，還是有提高成功機率的方法。以搭乘同一台車為例，如果是我的話，就會想辦法站得離她近一點，然後拿起英文或日文雜誌（《空中英語教室》之類的）來閱讀，引起她的注意，只要她一往我的雜誌看，我就會問她：「你也在學英文（或日文）嗎？」

這麼一來，同樣是搭訕，就不容易讓對方覺得是搭訕，然後兩人可以就學習外語的心得這個主題繼續說下去，再談論到彼此的生活，甚至共同的朋友。

又或者我會在公車上偷偷用眼睛瞄她的名牌，悄悄記得對方的班級，然後在她們學校校慶或舉辦任何公開活動時，和幾個朋友一起去她們學校玩，再假裝「不小心」晃到她的班級，「偶然」遇到她時故作詫異地說：「啊，妳不是每天也搭乘××公車嗎？……」接著再很自然地說，平常在公車上見到那麼多次，但都沒有機會和她打招呼，沒想到今天會這麼巧在學校遇到她……

類似的做法，還可以用在補習班。你可以在期中考或段考前，所有學生來補習班讀書的時候，趁著中間休息、或者故意坐得離對方近一點的機會，就課文或數學題的問題，問對方解題的方法。先從正式、冠冕堂皇的話題開始，再切到一般生活有趣的話題，彼此自然成為朋友。

我以前陪朋友去台北的沈赫哲補習班讀書時（他補習，我沒錢

啊！好巧～
妳也來看書呀！
啊！好巧～
妳也來喝茶呀！
啊！好巧～
女廁
妳也來上廁所呀～
喂～警察局嗎？
我要報案!

補習，所以是混進去的），就是用類似的招數，把全補習班最漂亮的女生全都認識光了，而且不著痕跡，沒人知道我是運用搭訕神功認識的，但我看得出其他男生們羨慕的眼神，猛盯著我們打情罵俏，簡直都快怒火中燒了。

總之，能夠自然而然，我們就要讓對方覺得一切都是自然而然發生的。不過，若是想認識的她是隨機在公車、火車或捷運上看到，你自己都知道當下不行動，日後絕對不會再遇到時，那麼一個箭步上前說話，就是你該做的事了。你可以用誠實搭訕法，告訴她：「我一看到妳上公車時，就很想認識妳，但因為周遭人實在太多，我怕若是和妳說話妳不理我，會非常尷尬；但轉念一想，我如果不和妳說話，回家一定會後悔，所以就過來和妳說話了。我叫×××，在××學校讀書，妳呢？」

這種誠實搭訕法十分好用，因為它直接把你的意圖表明，不僅顯得誠懇，也容易降低你自身的緊張感，但在實際操作上，卻有一個奧義，我得特別告訴大家。那就是，當你說完第一句話表明來意後，千萬不要傻傻地呆在原地，面露微笑地等對方思考要不要接受你，而是繼續主導話題，不斷地說下去，而且運用一連串的「假問題」，來干擾對方的思緒，讓她進入「這個人只是來交朋友的，沒有惡意」的心理狀態中。

舉例，當我說完想認識她以後，我會問：「我在××學校讀書，現在是高三，妳高幾呢？」

對方如果回答她也是高三，我立刻會用「快要指考了，一定很緊張吧，我自己在讀書的時候，壓力也滿大的，還好我把握了甄試的機會，上個月就幸運地通過面試，錄取××學校了……」這個話題繼續演繹下去。

而如果對方回答她是高一或高二，我則會說：「哇！妳真幸運，現在正是玩的時候，妳有沒有參加什麼學生社團啊？我當時高一高二參加的是合唱團……」

簡單講，對方如果答Ａ，我就順著Ａ的答案說下去；答Ｂ，我就聊Ｂ；就算答的是Ｃ，我也胸有成竹地用跟Ｃ相關的話題繼續說下去。

也就是說，我的「我想認識你」是告知句，不是詢問的同意句，我的問題也都是「假問題」，它們的目的不在尋求對方的回答，而是把我自己給自然地介紹出去，並且在過程中展現價值的工具。

但搭訕技巧再好，最怕的就是對方理都不理，揮揮手示意「不要」、說聲「不方便」、「我有男朋友了」，然後加速逃逸。這時，建議大家千萬不要死纏爛打，說聲「謝謝沒關係」，轉身離開即可。記得，我們有想要認識人家的權利，人家也有不想認識我們的權利，我們只要珍惜那些願意與我們做朋友的人就好，絕對不要強求，更不可惱羞成怒，辱罵或挑釁對方，那都是不成熟的舉動。

搭訕是一種主動釋出善意的行為，你一定要學會，就算不是用來認識異性，將來對你的工作和人際關係也是幫助無窮，越早熟練越好！

哎呀~
同學小心!!
謝謝你救了我！
哪裡哪裡，我也只是剛好路過～
請恩公務必告訴我您的大名。
舉手之勞何足掛齒！
這計畫真是太完美了~
歐齁齁齁
……
齁齁…
請小心別把機會
變成了誤會…

失戀者的五大迷思

前陣子有個轟動社會的新聞，讓我忍不住想和大家討論一下高中時期的愛情，特別是當面對失戀或分手的時候，該用怎樣的思考與行動，讓自己避免悲劇的發生，並且能再次出發？

根據新聞報導指出，就讀台中市清水高中二年級的吳同學，遭遇一位王姓網友的追求，因為對王男的示愛加以拒絕，被王男持刀在家附近刺殺，身中數刀後身亡，而王男也在行兇現場舉刀自殺，留下兩對傷心欲絕的父母。

報導中那位極端的王姓青年，我認為他的問題就在於犯了失戀時的五大迷思，這五大迷思分別是：

❶覺得我愛對方，對方就應該也要愛我

這真的是一個非常錯誤的想法。世界上從來就沒有什麼「應該這樣」、「應該那樣」的事，只有「你以為」應該這樣和應該那樣，但你的「以為」，也只是受到父母師長，周遭環境和自身成長經驗影響後所得出的結果，絕非永恆的價值。於是最好盡快拋開這種觀念，尤其是在愛情裡面一定要有一個認知：你愛對方是你自願的，對方沒有義務回報你，更沒有義務愛你像你愛他一樣多。

❷只有我可以先不喜歡你，你不能先不喜歡我

既然談了戀愛，就有可能分手，其實分手也沒有什麼大不了，但某些人心裡的聲音是：只有我可以先不喜歡你，你不能先不喜歡我；分手只有我才能提，你不能提！於是當別人想放下這段感情時，他卻死都不放手。

報導中那對男女的情形我們不是很瞭解，但即使是曾經彼此愛過，只要一方不愛我們的時候，我們就應該學習對方的態度精神，「立刻跟著熄火」。畢竟，給你的愛是我給你的，我隨時都可以收回！只要能有這種認識和魄力，在愛情中便不會有痛苦的情形發生。

❸認為我得不到的，別人也別想得到

要克制這種不成熟的想法，最好常常提醒自己：不要將異性「物化」。因為只有東西才會有所有權，人不是東西，任何人都有手有腳有思想，即使曾經跟你在一起，也不代表是你的。換句話說，我們從來就不可能、也不應該認為自己擁有一個人，而應該覺得自己是有幸和對方一起經歷過某段人生的風景，於是滿面春風，心懷感激。

娃娃！妳若拒絕我，
我死給妳看！
有沒有搞錯啊！
我根本跟你不熟！
我的手機號碼是
誰給你的 !!
我 ... 我是說真的 !!
拜拜！神經病！
隔天上學
娃娃！不好了！不好了！
隔壁班的林同學 ... 他 ...
他死在妳的座位上了 !!
那個笨蛋不會真
的做傻事吧 !!
真的屎給我看 ...

用這種豁達的方式來看待感情，便比較能接受對方的離開，並且對自己也對她報以祝福。還沒看過導演九把刀的《那些年，我們一起追的女孩》電影的同學，可以趕快去看看，體會一下作者當年的純愛、豁達，以及後來對心愛女孩的真心祝福。

❹以為再也不可能遇到另一個讓我如此喜歡的人

年紀比較小的男生女生比較容易有這種想法，原因就在於他們認識的人太少，經歷過的事情不足，要是多活幾年便會知道，時間永遠是最好的治療師，再大的傷痛都能夠慢慢被時間敉平。而且當你注意往四周一看，就會發現好對象還是很多的，不信你隨便往電視機裡頭一瞄，安心亞、李毓芬、少女時代的成員們各個都很不錯啊！能喜歡的人太多了，只是你拒絕再去喜歡罷了！

相信我，很多人都可以取代她，就看你有沒有這個勇氣再跨出去認識其他人罷了。別的女孩子一定有的比她漂亮、有的比她善解人意，有的比她能力出眾、有的比她溫柔婉約，只要你持續去找，遇到一段感情後再用心去經營，就一定能看到新人比舊人要好上千百倍的地方。

❺沒有他（她）的愛，我的人生便沒有意義

會這麼想的人，是在自己的腦中，把愛情這件事情定義得太偉大了。其實所謂的愛情，不過也就只是人生眾多目標和功課中的其中一項罷了，根本沒有什麼大不了！除了愛情，你還應該關注健康、學業、與家人和朋友的關係，還有自我實現等等。人生的意義，在很多其他的地方都能找到，不是只有愛情這一塊而已。那些什麼「沒有你我就活不下去」的想法，都是愛情小說或電影為了賺錢而營造出來的思想毒素，目的在讓你持續消費、購買相關的產品，可千萬不要被它們給「騙」了。

只要有了相遇，就有可能分離，我們不可能阻止分離的出現，但是能讓自己更成熟地面對分離，讓自己與他人都笑著面對過去，迎向彼此更好的未來。

當你為人生下的定義，是在追求均衡美滿的人生時，便不容易為了一段失去的感情在那裡肝腸寸斷，而會把時間精力先轉而投資在其他項目，找到新的意義。而且說也奇怪，當你的健康狀態良好、人際關係極佳、有自己的目標、又積極把正面的影響力帶給別人時，自然會有眾多異性對你表示好感，你找到心儀的那個新的他（她）又變得容易許多，這是標準的塞翁失馬，焉知非福啊！

我在大學的時候，便曾經充分體會到這點。在大二升大三的那年暑假，我參加了「海外華裔青年返國研習團」的活動，擔任輔導員，參加的都是海外回來的華裔青年男女。在營隊開始前，我喜歡一位政大女同學小倩一年多，但她基本上根本不太鳥我，打電話給她也是有一搭沒一搭。結果在暑假研習團的時候，因為擔任輔導員，有自己的舞台又能展現語言及運籌帷幄的能力，居然發生了全團兩大美女同時喜歡上我的好事。

以客觀條件來看，研習團的卡洛琳和潔咪，不管是長相、學歷、家世等，都比小倩要來得好，最重要的是和我之間的互動非常愉快自然，互有往來，想不往情侶的方向發展都不行。

那時我便發現了，有時候你喜歡的人不喜歡你，真的不是你不夠好，只是你們不適合，或者遇到的時間點不對罷了。這個時候，你最不能放棄的，就是自己！正因為我沒有為了小倩不喜歡我而自暴自棄、頹廢抱怨，而是積極地去提升自我、參加活動，於是才能在研習團中認識那麼多新朋友、學習了溝通交流的能力，也吸引到了卡洛琳和潔咪。

所以，失戀真的沒有什麼不好，它往往能讓你學到更多，甚至有機會揮別過去，重新去認識那個更適合你的人。別人放棄了我們是他們的自由，但是我們絕對不能放棄自己，我們要為自己的人生與幸福負責！

娃娃，我有很重要的事要跟妳說，雖然我知道妳可能沒法接受，但我還是得告訴妳。
嗯 ?!
這些日子來，我對妳付出了很多，做早餐送中餐還有快遞宵夜不提，看電影陪逛街、遛狗、洗腳踏車等等工作也不曾怠慢，但我卻一點都感受不到妳對我有一點點用心。所以 ...
我們分手吧！
1 2 3 4
怎 ... 怎麼會這樣 ?! 不是這樣的！我想我們一定有什麼誤會！
抖
抖
我根本沒跟你交往啊 !!!
我們只是主僕，歐不是 ... 只是好朋友而已。
抖
抖
原來是誤會一場啊 ... 呵呵呵呵呵呵 ...

這堂課，我們學習如何拒絕

幾年前，發生了一樁台灣女留學生在日本遭殺害的雙屍命案，實在令人沉痛不已。

這個悲劇的起源是因為加害人張姓同學追求不成女同學後，由愛生恨，於是興起報復的念頭，並且禍及室友，連女同學的室友也一起殺害滅口了！最後甚至以迅雷不及掩耳的速度，拿起藏好的小刀在日本警局前自殺，震驚台灣和日本社會，也留下三對悲傷痛苦的父母。

我想在這裡強調，不管男生還是女生，喜歡一個人，應該是件愉快幸福的事情，不僅自身洋溢著快樂，也應當把這種快樂的感覺帶給別人。但如果你喜歡的人，並不願意接受你的感情，麻煩就壯士斷腕吧！眼前的這位男孩或女孩不願意接受我們的感情，不代表我們不好，更不一定是我們哪裡做錯了，只要我們持續地提升自己，讓自己

更具魅力，並且努力去找，一定可以找到那個與我們兩情相悅的對象，絕對不要急，更不要有「我不幸福快樂，也不願意看到其他人幸福快樂」的偏差心態。

當大家都懂得掌握並平衡自身的感情狀態，不去強求愛情，造成自己與對方的困擾後，這裡還想跟大家分享一下，在愛情裡頭，拒絕他人超乎友情企圖的方法。

我特別強調女生拒絕男生的方式，因為女生大多臉皮比較薄，自己喜歡的男生幾次不接電話、約不出來，很快就會自動放棄了！不像許多男生，看了某些誤導他們的小說和電影，以為死纏爛打，追到天涯海角、撐久了就是我的，最後弄得自己和對方都痛苦不堪，甚至導致心情上覺得自己在時間、精力或金錢上付出太多而不甘心，於是成為危險情人，造成彼此更大的傷害。

簡單來說，拒絕對自己有好感的男生，可以用底下幾個心態和做法：

❶堅持「四不一沒有」

這裡的「四不一沒有」，可不是政治人物經常掛在嘴邊的政治術語，而是不赴約、不講電話、不傳簡訊、不聊 Facebook 或傳 LINE，以及永遠的「沒有時間」！

針對妳沒有興趣，但對方對妳很有興趣的男同學，只要妳堅持以上的幾點，不和他講討論功課學業以外的電話、不回覆他有點想要刺探感情搞曖昧的簡訊，Facebook 和 LINE 上傳完正事就「哼哼哈哈去洗澡」，並且不和他單獨赴約，要不然讓他總是約妳約不出來，或者只能學校跟同學一大群人一起碰面的話，大部分的男生，應該會知道自己和妳沒戲唱，然後就知難而退了。

❷別貪圖人家對妳的好，以及提供的「工具型」服務

有些女生，明明不喜歡人家，卻又貪圖生日、聖誕節和情人節的禮物，或者覺得平時有人接送上下課、搬家時有人自願當苦力、電腦壞掉時有人隨傳隨到幫忙修理挺不賴，於是從不嚴正地拒絕對她示好的男生，讓對方保有一絲希望，更欺騙自己：「他說對我的好，是不求回報的，那麼應該是真的，他對我真的沒有別的想法～」

各位，那句話絕對是騙鬼！男生對妳的好，都是有目的的，最終希望的就是「妳和他在一起」。

要是妳貪圖他對妳的好，卻又不想和他在一起，很可能苦等到一個臨界點，他就會受不了而「大暴走」，做出傷害他人也傷害自己的舉動。為了避免這種情形發生，只要不是和妳兩情相悅的對象，千萬不要接受對方任何超出友誼的付出，再不然遵循「你來我往」的原則，他敬妳一尺，妳回他一丈。如此一來，關係清楚，保持適當距離，

有個男生一直纏我，我一點都不喜歡他，也拒絕好幾次，他依然不死心，拜託幫我想想辦法吧！
真的嗎～
哈！妳問對人了！
1
2
3
4
首先答應他的邀約，然後盛裝打扮，約會時還要注意一下儀態。
咦咦？你是不是搞錯我意思啦！
應該沒人認得出我吧 ...
完成！記得要用力打嗝
有屁就放，還有走路腿
開，講話要大聲，別忘
有空就摳摳鼻孔！
保證他以後不會再煩妳

他也不會覺得有任何的不甘心和對妳的埋怨。最重要的是，妳過得了自己心裡「不該欺騙人、利用人」的那一關。

❸和顏悅色地說：我們之間不可能

若是遇到某些裝白目的男生，妳都已經透過上述的方式，跟他保持距離，也不接受任何超過友誼的付出，對方卻還是不死心，一直想先偷偷隱藏在朋友、乾兄妹的關係之下，蠢蠢欲動；或者是死皮賴臉地不斷告白，硬把自己當男朋友，做些逾越分際的事，這時妳就要使出最後的殺手鐧，和顏悅色但語氣堅定地告訴他：「我們之間不可能，我們只是朋友，請你去找別的女孩來愛，或者去看鄭匡宇的書打通腦袋和任督二脈。」

這時記得，一定不要露出瞧不起對方的神情，或者連「你是癩蛤蟆想吃天鵝肉」、以及「你也不撒泡尿照一照自己長什麼樣」之類傷人自尊的話都說出來，那樣更會使對方下不了台，導致情緒失控，做出不利於妳的舉動。

要是用了上面這些方法後，對方卻還是一再糾纏，就只好報告老師和他的父母，請更專業的人士來負責對他的開導。而妳則要隨時注意自身的安全，逼不得已時出國留學，去別的縣市唸書，或者短期留學都好，總之，別給他任何遇到妳的機會。

有句英文叫「Out of sight, out of mind」，意思是眼睛看不到的，腦袋也就不會想了。妳就先避避風頭，別再讓他看到妳，這樣過了幾個月、甚至一兩年，他也就應該斷了念，或者早就移情別戀愛上別人了，這不是皆大歡喜的結果嗎？

我們無法控制別人，卻可以將自己照顧好、保護好。不管你現在是愛著別人得不到回報覺得很痛苦，抑或是被不喜歡的人糾纏覺得很心煩，都要時時想起父母師長、親朋好友對我們的付出和關心，珍惜那些寶貴的親情與友情，不要讓任何的衝動舉止，造成永遠的遺憾。

拒絕別人或許是件困難的事情，但將狀況「拖著」不做任何果斷的回應，有時反而容易造成情勢每況愈下、越演越烈。明確清楚又不傷他人自尊的態度和方法，是在拒絕他人情感時最好的方式。

花花妳希不希望身邊也出現
一位"李大仁"這樣的男生？
好羨慕偶像劇裡的女主角啊～那種
付出不求回報的好男人，在這世界
上恐怕少之又少，終究只有在偶像
劇裡才看的到～
現實世界哪裡
那樣的男生～
1 2
3 4
有啊，一班的大銘、三班阿烈跟小萬、
我們班的阿呆、還有五班的鐵男，他們
都是付出不求回報的男生啊。
……
他們都人很好喔～
不是這世界沒有"李大仁"，
而是我的世界沒有…
美女與偶像劇的世界，跟我們
平凡人的世界是不同的…

為什麼FB或LINE的訊息，已讀不回？

最近有位朋友米奇向我抱怨，說他被一個從小到大的好友Jason指責「大小眼」，在Facebook上盡放一些「縱情享樂」、「往來無白丁」的照片，例如去台北最高檔的夜店、高級餐廳、參加Party與名模和名人合照……但是對於Jason的一些生活發文，連個「讚」都不願意按，是不是不想要這個朋友了？覺得看不起他懶得繼續來往？米奇感到很無辜也很無奈。

你是不是也有類似的困擾呢？覺得自己視為好友的他（她），為什麼都不來替自己的發言按讚，或者有時候傳LINE的訊息給對方，半天不回，再不然回覆的時候只有短短幾個字，真是太不夠意思了。

其實，會這麼想的你，有時候真的是想太多了！對方可能真的在忙、在看電視或上網、正在洗澡、手機剛好不在身邊……這些都是非常正當的理由。當我自己在非常專心寫文章和編輯自己的影片的時候，一定會把手機關機、電腦上的通訊軟體關掉，避免思緒被干擾，因為往往想做的事情一被打斷，就很難再專心繼續把該做的事情完成。你的朋友也是一樣，他們既然正在忙，又何必一定要打擾他們呢？

最好的做法是，傳了訊息對方沒有回覆，就等個三五個小時再傳一個訊息過去，例如午餐傳的訊息沒回，晚餐的時候再傳一次，並且注意口氣，千萬不可用質問的語氣說：「你剛剛幹嘛不回我？」，而是：「嗨，我中午有傳個訊息，問你××事情，請問你收到了嗎？記得回覆我一下哦。」如此一來，對方便覺得比較沒有壓力，而且你也適當地提醒了對方。像我有時候真的很忙，一時間忘了有人寫 E-mail 或傳訊息給我，這時被適當提醒一下，我也好趕快回覆。

還有，有些人想省錢，3G下載上傳的流量有限制，或者不想多花簡訊錢，又沒有 WIFI，所以捨不得一直上網或頻繁地回覆你，這也是人之常情。如果我現在是高中生，為了省錢，絕對不會辦什麼

3G吃到飽之類的電信方案，或者根本只用2G手機，這一切都是為了省錢啊！對我來說，聊天事小，省錢事大，說不定你的朋友跟我是同一類人，就多體諒一下對方又何妨？而且，真的有人就是不愛一直看Facebook、回傳訊息，試著尊重一下每個人的性格和習慣吧。

但我還是得說，有時候，你傳的訊息對方沒有立刻回，或者根本不回，那只有一個原因，就是「你在對方的心目中地位不夠重要」！其實你捫心自問就知道，如果是你非常重視的人，例如工作時候的老闆、正在談戀愛的對象，你會不隨時把手機帶在身上，守在電腦旁邊，就等著對方的訊息，期待和對方頻繁地交流嗎？

答案一定是肯定的。所以，當你也知道自己的朋友其實是個網路和手機的重度使用者，卻沒有像你一樣頻繁地回覆訊息，那麼很有可能就是你把他（她）們看得比他們看你重要。

看到這裡可別覺得沮喪，有些人的個性就是這樣，愛自己比愛別人多，重視自己的事情更勝於其他人的事情，但這並不代表對方完全不重視你，只是可能你對友情和朋友之間應該頻繁聯繫的標準比較高，他（她）達不到罷了。

這個時候，一味地埋怨或強行要求對方，是一件不合理也沒有必要的事情。你可以從以下的兩個方法來著手：

第一，讓自己忙碌起來，有自己的生活，這樣自然不會對別人沒回訊息感到在意，因為你自己就是那個忙到沒時間回傳訊息的人。

第二，告訴自己，可能我與他（她）對於朋友之間的定義有落差，不如我就多花點時間去結交到跟我想法和價值觀差不多的朋友，這樣相處起來會比較輕鬆自在，彼此都沒有負擔。

依循上面的兩個行動及思考準則，你應該能將「受傷」的感覺降到最低，並且把握好與你相知相惜的朋友間的情誼。

而我同時也知道，許多人，對於「只是朋友的人」在線上的冷淡覺得不痛不癢，他們最在意的，還是自己心儀的異性。如果 Facebook 和 LINE 上面哼哼哈哈不熱絡，就讓他們受不了了，一顆心懸在那裡，非常難受。心儀的她（他）愛理不理，有一搭沒一搭的，怎麼辦呢？

其實，對於不怎麼理睬我們的對象，我們自己在那裡自怨自艾，是沒有意義也沒有幫助的。我教大家一個方法，極可能重新挑起對方對你的興趣。不論你是男生或者女生，記得除了讓自己的外型保持最佳狀態以外，更要讓自己的生活過得異常精采！例如聽了一場知名作家鄭匡宇、侯文詠的演講，把跟他們的合照放上自己的頁面；與三五好友開心出遊，把照片放上去；去了知名的餐廳，把裝潢及美食拍下來，立刻上傳……總之，就是要讓自己的生活過得精采無比，也「看起來」精采無比。

如此一來，非常有可能讓你想吸引的她（他）覺得：「哎呀，我是不是錯過了一個非常好的人啊？」甚至興起了一種比較的心理：「哼，玩得那麼開心，在他（她）身邊的應該是我才對啊！」於是下次你的邀約，她（他）也比較容易欣然赴約，那麼你就有可能敗部復活，重新吸引到你心儀的她（他）。誰都喜歡正面、積極、樂觀、開朗、有趣、幽默的人，你不僅活得就該像那樣，網路上「看起來」也該像那樣。

但如果你已經把自己的生活提升，也在網路社交平台上做了很好的宣傳，想吸引的她（他）卻依然不買帳，該怎麼辦？我強烈建議你，那就算了吧！相信我，當你自我提升了之後，一定能吸引到更多也很不錯的異性，最重要的是你自己的個性將更開朗，眼界將更開闊，人緣也會更好。那時的你，每天為了自己的目標而忙碌不堪，又怎麼會缺乏異性的關愛呢？

……
……
1 2
3 4
……
……
他們怎麼了啊？
像是得了憂鬱症似的。
……
……
他們只是被已讀
不回而已…
那真的挺嚴重的…

別被「愛情」與「義氣」沖昏了頭

我常鼓勵所有年輕人用心思考，從不同的層面來解析一件事情。幾年前某位女藝人及其日本友人毆打計程車司機的新聞，鬧得滿城風雨，我看到新聞時，除了覺得該罰就罰，該關就關以外，更要語重心長地對所有男同學們說：「請不要莫名其妙地為自己心儀的女生強出頭，尤其當她們做的是錯事、甚至是犯法的事！」

不得不說，有些女生很會利用男生，千萬不要讓自己成為她們利用的工具，做出一些偷雞摸狗的荒唐行徑。

大家想想，女藝人酒醉毆打計程車司機的事情，不就是最好的例子嗎？那位女藝人的日本朋友，如果不是因為喜歡她，想在自己喜歡的女生面前求表現、逞英雄，怎麼會以一個外國人的身分，在台灣這塊土地上撒野？

尤其當女藝人不願意繫安全帶、要求司機開快車，做出那些一般人都知道是不對的事情時，還不自知理虧，道歉離開？如果司機有對女藝人做出什麼騷擾的舉動，那麼為了自己心儀的女生挺身而出，絕對沒有問題，不過也沒有必要暴力相向，頂多在言語上大聲喝阻即可。

這應該是每一個想保護女生的男人應遵守的操作準則：永遠奉「理」字為最高依據，而不是任由情緒失控，或者只為了在女生面前求表現而蒙蔽了自己的良心。

尤其，現在人心險惡，真的有不少女生會利用男人，去做一些見不得人的荒唐勾當。這時一定要張大眼睛，捫心自問：「對方的要求，是不是於理有據？是不是沒有逾越法律的界限？」若能如此警惕自己，社會上將再也不會出現什麼幫女友把她的前男友痛揍一頓、有人對自己女朋友不客氣所以暴力相向、或者憑藉自己的電腦技術幫女朋友偷盜銀行的金錢……等等的犯罪事件。

你說誰敢欺負我，你都會幫我爭一口氣是嗎？
當然！誰敢欺負妳，我阿輝一定給他好看！
其實我常常被欺負，而且他們都以多欺少，真的讓我好害怕 ...
什麼 !! 我找兄弟們一起找他們算帳！
隔天
今天給他們好看，別漏氣了！
阿輝你不帶傢伙嗎？
他用過肩摔就夠啦！
哈哈
探頭
快！幫我解決他們！
......
......
......

高中的女同學們還比較單純，比較不會有類似的行徑發生，但不管是男生對女生，還是女生對男生，都應該以「理」和「法」當作行為的依歸，別讓盲目衝動的愛情，傷害他人，也毀了自己的前程。從這個事件引申出的另一個值得討論的話題是：朋友之間的義氣。

女藝人打人當時，同車的還有也身為藝人的兩位朋友。她們也目睹了毆打計程車司機的行徑，卻沒有第一時間拉住好朋友、保護被害人，更在後來保持沉默、錄口供時語帶保留形同說謊，最後以做偽證罪嫌移送法辦的下場。

不得不說，這就是誤解並且誤用「義氣」的下場。好朋友犯錯，第一時間就應該糾正對方。如果第一時間沒能掌握時效，也要在之後盡到勸導對方改過向善的責任，絕不能因為自己與對方的友誼，就放縱包容。那不只會使對方不知悔改，越陷越深，說不定也會搞得自己惹禍上身，無法自拔。

女藝人及其兩位友人後來有好長一段時間工作停擺，又承受社會各界的指責，連帶影響家人在其他人面前也抬不起頭來，就是最好的借鏡。

還記得多年前，我自己還在石牌國中就學時，社會上便曾發生過一件慘案。那時新聞報導，幾個明德國中的男女同學，因為好玩，偷開爸媽的車上陽明山，遭遇警方臨檢，因為害怕而加速逃逸，警方在後追趕，鳴槍示警後依然未能遏阻，便依照標準程序朝車子開槍，造成車內一名學生死亡的悲慘案件，震驚社會。

其實，當時在車上的任何一位同學，只要在上車前能發揮良知，勸告駕駛者不要無照駕車，或者在被警察臨檢時勸駕駛停車受檢，承認錯誤，就能避免後來的悲劇發生，挽回破碎的家庭。這才是「義氣」應該發揮的真正功效：保護朋友，讓朋友去做對的事情，或者在他們做錯的時候，第一時間糾正他們，尋求彌補解決之道，而不是一味地寬恕縱容，粉飾太平。

喜歡一個人，或者有莫逆之交的好友，應該是天底下最美好的一件事，讓它成為此生美好的回憶，或者是永遠的進行式，而不要成為一輩子的懊悔與遺憾。女藝人醉毆計程車司機的事件，給了我們最

好的教訓和警惕。

古人說「近朱者赤，近墨者黑」，那真是金玉良言。我們不僅應該審慎交友，更應該讓自己與友人都進入人生的好循環，一起走在正確的道路上，這也才是愛情和義氣所應該帶領我們前往的方向。

早餐！
來了～
按摩！
好～
去買單！
嗯～
撿回來！
是…
幸好這漫畫只有四格！

失戀，真的沒什麼大不了

根據調查，兩性話題恰恰是這個年紀的年輕朋友們最關心的議題。我常覺得，正因為喜歡一個人，所以有「想要讓自己變得更好」的動力，於是在學業、品格、體能上都透過自我提升得到精進，這樣一來，不僅有可能贏得對方的心，就算失敗了，在過程中培養出來的實力和經驗，都是會一輩子跟著自己的寶藏。暢銷作家九把刀高中時的失戀故事，不就正是讓他後來考上好大學、並且現在功成名就的最大動力和本錢嗎？

透過這個引子，我想聊聊失戀這個話題。光是失戀這件事，也是有不同層次的。第一個層次是，你喜歡的他（她），根本從來就沒有喜歡過你，或者在你一表示之後，便拒絕打槍，最慘的是根本不給你告白的機會，一發現你想要觸及的話題有點奇怪，好像想轉到告白這件事上，便立刻轉換話題場景，讓你想「自爆求解脫」的機會也灰飛煙滅。

很多人在這失戀的第一層狀況中會覺得難過，其實是因為有一個很根本的觀念沒有建立好。那觀念就是：這世上從來就不是我們喜歡人家，人家就「應該也要」喜歡我們的。你喜歡人家，是你自己的一種情緒、一種累積以及一種幻想，對方沒有任何義務要接受或回應。如果能把這個心理建設先做好，就能比較平常心地在對方面前表現，做你該做的事，能順利吸引到對方最好；吸引不到也無所謂，反正從頭到尾就是你一個人的獨角戲。但奇怪的是，這麼想的人反而往往能表現自然，也順利贏得對方的心。「Nothing to lose」，反而容易得到更多。

各位身邊是否也發生過類似的事情呢？朋友想追的對象，他自己不敢行動，你好心想幫他於是協助牽線接近那女孩，反過頭來女孩居然喜歡上了你！這就是因為你以一種平常心接近她，於是可以從容不迫，談笑風生，在過程中不緊張不做作，也就自然地吸引到了女生。

一個人對異性的需求感低，反而展現了高價值，更會成為異性追逐的對象。所以切記，喜歡一個人，千萬別先想著我很喜歡他（她）、要怎麼追他（她）？而是盤算著該怎麼吸引他（她），怎麼在潛移默化之中展現自己的長處和價值，後者更能散發魅力於無形，使得對方在不知不覺中掉入你的「迷魂陣」。

比較棘手的第二個層次，是你喜歡對方，也展開行動，而且好運的是，對方居然也喜歡你！於是你們開始了一段精采的戀情，或者是多年後想起來都覺得甜蜜又暖滋滋的打情罵俏。但壞就壞在，對方雖然喜歡你一陣子，卻因為某種原因，又變得不那麼喜歡你了！也許是認識了更好的對象，也許是發現你的個性、生活習慣及想法不適合她，或者一開始跟你在一起，就只是因為看你死纏爛打了那麼久，付出那麼多，覺得你可憐才和你交往，結果沒多久便見異思遷，或者覺得不該委屈自己和不夠喜歡的人在一起，於是便想和你 say goodbye。

這第二層次是許多人最不能接受的。除了兩個人在一起的美好

好了別哭了，看妳難過成這樣子。
我失戀了，好難過...我不想出門，不想上學，也不想吃飯，我永遠都走不出這傷痛了...
小惠妳條件這麼好，還用怕找不到人作伴嗎？天涯何處無芳草，妳說對吧！失戀也只是下一段美好的開始啊～
1 2 3 4
大事不好了Lon學長，你喜歡的學妹跟籃球社隊長交往了！
他們正在球場旁一起吃午餐呢！
天涯何處無芳草！
讓我死吧~~~
不要為一棵樹放棄整座森林阿！
大哭
大鬧
別責怪失戀的人聽不進安慰的話，因為真的有點難...

回憶讓人難以割捨之外，有一個很重要的原因，是那種「一定是我自己不夠好，才會被人家退貨」的想法，讓被分手的人容易自責憤怒，擴大那不甘心的情緒，輕者讓自己鬱鬱寡歡，重者甚至去傷害對方。

要使自己在這第二層情況裡不至於無法自拔，需要靠另外一個觀念，那就是：對方不要我，與我好不好這件事一點關係也沒有，純粹只有合適不合適罷了。我只要兩情相悅的愛情，既然對方熄火或喜歡上別人，那剛好我也去找另外一個人好好兩情相悅吧！

這個觀念雖然很好，許多人聽了也覺得很對，但就是做不了或不想去做的原因，在於他們犯了「真命天女（天子）症」，覺得曾經交往過的她（他），就是這個世界上最好、最棒、最無可取代的。但匡宇我以一個過來人的經驗告訴大家，世界上根本就沒有真命天女或真命天子這回事，只有你「想」讓對方成為「真命」，對方才有可能成為「真命」。也就是說，人一定有優點也有缺點，和對方在一起是有開心的事情也有難過失望的事情。你自己決定只記得對方的好，卻刻意忽略對方的不好，只想著與對方合得來的部分，不去深究彼此的

爭執和摩擦，這樣，當然會覺得對方是最好的、最無可取代的。

但事實根本不是這麼一回事！人生是一個過程、一個進程，再好的關係，沒有細心維護和付出，也不可能走到最後；再差的關係，彼此只要願意多多努力，一定還有轉圜的空間。問題是現在的她（他）已經決定不要再和你一起努力下去了，就讓她（他）走吧！與其把心力放在一個已經決定要離開的人身上，還不如把注意力集中在學業、家人以及尋找新對象上面，所獲得的回報絕對要大得多。

我把愛情和失戀這件事說得如此清楚明白，或許很多人不愛聽，還想沉浸在那種憂傷悲哀的氣氛中，然後自以為這不能成就的愛情「很美」，那我也只能說是自作自受，怪不得任何人。我在高中和大學那段時間，也很喜歡在失戀的時候，聽一些悲傷情歌，隨著歌詞，想著「怎麼忍心怪你犯了錯，是我給你自由過了火……」（張信哲的《過火》）、「不要對他說，夜裡會害怕，別說你多晚都會等他的電話，別說你只喜歡他送的玫瑰花，因為這些，是我僅存，殘留的夢……」（張信哲《不要對他說》），然後覺得自己突然幻化為歌詞中的男主角，為愛受傷流淚的樣子好美~其實一點都不美，難過死了！而且告訴各位，當你喜歡的人不喜歡你了以後，她一定會把曾經對你的美好跟溫柔，再拿去對待下一個人。既然他（她）都這麼做了，你一定也要這麼做，因為你值得更好的人、更好的愛情！切記，他（她）爽，你要比他（她）更爽！

而且相信我，當你張大眼睛，去看看周遭的人事物，會發現有趣好玩、值得你投注心力的東西真的太多太多了。說不定，當你認真過好自己的每一天時，下一段戀情又會在不知不覺中到來！祝福大家都能開心過好自己的每一天，也與喜歡的他（她）共度美好的每一天。

1.失戀而已，我還是要開心過每一天。
2.失戀了...好難過...好難過...
1.就算失戀了，我還是要漂漂亮亮抬頭挺胸。
2.失戀了，我好傻...我不想面對這世界！
1.一定是小美那賤人害我失戀的！我要報仇！
2.這就是緣分，相信我也會遇到更好的人。
1.我要過得更好~更有活力~更自信~更漂亮！
2.我是個沒人要的女人...我不想活了!!!
失戀的心痛難過，都是自己選的

分手也是有技巧的

失戀分成兩個不同的等級，一個是你都還沒有向對方表示過什麼，或者對方很「精明」的根本不給你表示的機會，所以你們根本還沒開始的「失戀」；以及你和她（他）確實曾經交往，卻因為對方覺得感情變淡或發現更好的對象，而跟你 say goodbye 的失戀。

兩種失戀的當事人心裡都不好受，而其中又以後者這種情形最為難熬。但是，只要你遵守我提出的兩大信念，相信一定能夠克服這種心理上的痛苦。第一個信念是「我有喜歡別人的權利，但是別人也有不喜歡我的權利」，第二個則是「我只追求兩情相悅的愛情」，如果對方要走，那也不必送了，給她（他）祝福，希望對方愉快，而我也要 move on（繼續走下去），去找那位真正和我兩情相悅的目標。若是真能具備這樣的信念並且徹底執行，相信你一輩子不會有情傷，在兩性關係的世界裡，能夠愛護自己，也善待他人。

然而，這些話是說給失戀的人聽的，如果你恰巧是那個想離開一段感情的人，又該怎麼做，才能將帶給對方的傷害降到最低，並且避免遇到糾纏不清的對象呢？

首先，在選擇交往對象的時候，一定要張大眼睛。根據我的經驗，通常你選擇的對象越優質，想和對方分手時遭遇到的困擾也越少。因為，當你找的都是才貌兼備的正妹，或者是像總統的女婿之類的對象時，你想和對方分手，她（他）身邊不知道有多少蒼蠅蜜蜂排隊在等著呢！對方根本沒有時間在那邊「情傷」，而是很快有人會想取而代之，帶給她（他）快樂和幸福。我自己以前交往過的女孩子，都是屬於這種型的，我提分手之後，她們幾乎沒有情傷的時間，很快又有男孩子蜂擁而上；反倒是我，得比她們花上更長時間才能找到下一個，畢竟正妹交男朋友容易，普通男生要交女朋友得加倍努力。這種對象和他們分手時的麻煩最少，但前提是，你自身也得是夠優秀的人，否則想找到這樣的異性朋友，比登天還難。

再者，通常人都是有自尊心的，當你開始表現得有點冷淡時，例如電話不接、簡訊不回時，許多人可能就會先打退堂鼓，因為他們有自尊心又好面子，心想再繼續纏鬥下去，只會讓自己顯得不堪、很難看，於是發現你冷淡了，他們也跟著冷淡，內心雖然有點難過，但他們還頂得住，畢竟他們還有學業、社團、家人和朋友要顧，可以強迫自己轉移注意力，不再為了被人分手這件事鬱鬱寡歡，黯然傷神。

而這也是在面對別人與自己分手時一個不錯的態度，藉由龐大的學業壓力、工作和豐沛的人際關係來轉移注意力，讓自己沒有時間去沉浸在悲傷的情緒。時間是最好的療傷工具，只要過一段時間，心中的難過與不捨，應該也就煙消雲散了。

最麻煩的是第三種情形。那就是他（她）無法接受曾經喜歡過自己的人，居然會比自己先快一步先不喜歡對方，他們心有不甘，於是打著想「挽回」的名義，對你進行一連串的重新示好，但對於已經「無心」的你來說，只是令人厭煩的糾纏。

1
小銘你總是充滿自信又有魅力，你是怎麼辦到的？
這也沒什麼啦。
2
其實以前我也是個情場的嚕蛇（Loser)...
嗚...又被甩了，為什麼我總是被拋棄的那一個...
死掉算了
等等！年輕人！
3
直到有一天...
我一看到你就知道你是個百年難得的搭訕奇才，這有幾本武功密笈...
4
《第一次搭訕就上手》，《正妹心理學》，《情場制勝幻術》，看在與你有緣，便宜賣給你了！
這...這...我全要了!!!
第一次搭訕就上手
情場制勝幻術
正妹心理学
The Psychology of Beauty
我跟一個神經病買了幾本書，我的人生就變了。

這時該怎麼做呢？

我認為，如果你已經有其他喜歡的人，這時也不要過分地刺激對方，直接告訴他（她），「我已經有其他喜歡的人了」！這對許多人來說特別無法接受，因為他們會放大想像，認為你之所以能「無縫接軌」，毫無療傷時間就交到下一個男女朋友，代表著你和她（他）在一起時，就已經和另一個人「暗渡陳倉」，也就是現在流行的「劈腿」。

大部分都不能接受這種近於欺騙或者被玩弄於股掌之間的感覺。於是，就算另外有喜歡的人，也不要拿那個人出來當擋箭牌，而是明確地告訴對方，「對不起！我對你沒感覺了！希望還能是朋友，但如果你不願意，我也可以理解。」

說完之後，記得態度一定要明確，那就是真的把他（她）當個普通朋友，不要常碰面，也不要製造與對方單獨相處的機會。如果非得碰面不可，更要在他（她）又想講一些感傷回憶或溫馨話語前轉移話題，聊起學業或工作上的正事，這些方法都可以透過團體行動來達到目的。時間一久，只要你永遠不給對方機會，對方自然也會知難而退。

要是你都這麼做了，對方卻依然擺出一張「結屎面」，好像他（她）的失魂落魄都是你害的一樣時，請報告老師，或者把我的一系列書籍給他（她）看。輔導老師會怎麼處置我不知道，但我保證對方如果真的看了我的書又實際去操作的話，一定會迅速離開你的人生，為他（她）自己的 happy life 而努力。

這裡還要特別提醒大家，現在的手機、相機等電子設備特別發達，但可別在和你交往的對象親密的時候，讓對方拿著相機手機猛拍或偷拍。一時濃情蜜意時留下的回憶，很可能成為對方後來拒絕分手時用來威脅你的工具。男生的裸體照沒什麼價值，女生卻很可能因此身敗名裂，許多知名的國內外女星都曾經被前情人拿過去的親密照威脅勒索，極度困擾又痛苦不堪，社會新聞裡類似的報導也時有所聞，大家一定要小心為上。

無論如何，千萬不要為了害怕傷害一個人，而一直把想離開的意圖埋藏起來，這樣只會在日後造成更大的傷害，除了在分手的過程中務必把持好自己堅定的態度，也要盡所能地用各種方法保護自己，這樣才能避免危險情人的出現，享受美好的愛情。

我們分手吧，爸媽要我好好唸書，還沒收了我的手機。
真的沒辦法了嗎...
我真的好愛妳，但我卻不能陪妳走下去。對不起...
嗚...我知道了...
隔天
嗚...好難過，我想志志他現在一定也很痛苦很難受...
為什麼相愛的人不能在一起...
......
志志 與 曉珊 穩定交往中
讚 · 留言 · 分享· 146 22 6 · 約於17分鐘前來自手機

學習這條路，和你想的不一樣！

別聽他們胡說

前陣子因為同學會，和以前小學及國中時期的幾個好朋友見面，相談甚歡，看到他們在各自領域發展得都不錯，衷心地為他們高興。其中有兩位朋友，在國中時代由於不大會讀書考試，都被分入了所謂的B段班（又稱放牛班），也就是等於在學業上被放棄的一群人，這對他們年少的心留下非常沉重的陰影。依照分數成績，將全年級的人分成前段班和後段班，等於是在宣誓：運動再好怎麼樣？聯考又不考！畫圖設計一把罩又如何？這樣就能上明星高中嗎？還不是最後去唸排名倒數的學校？

在那個講究分數，成績是唯一判準的時代下，我這兩位一個體育極佳、一個有藝術天分的朋友，就這樣被刷入了B段班，我們之間的友誼，瞬間蒙上了一層陰霾。以前總是玩在一起、無話不說的我們，也逐漸漸行漸遠。畢竟，他們在心裡總覺得自己「配不上我」，或者甚至多了點嫉妒與討厭的感覺，把對這個教育體制、父母師長的不滿，轉移到我和其他「比較會讀書的同學」身上。

那時印象最深刻的，是A段班和B段班學生間一股難以名狀的對立，B段班同學的優點和優勢找不到宣洩的出口，於是常常會莫名其妙地在學校惹是生非、或藉機找A段班同學麻煩。說到底，都是因為當時的教育體制，直接把會唸書考試和不會唸書考試的同學一分為二，以為這樣對會讀書的學生比較好，卻葬送了不會唸書學生的自信，以及大家彼此從小培養出的友誼。

那麼現在這兩位不會讀書、被社會一般標準認為人生「沒什麼搞頭」的兩位老同學，又過得如何呢？告訴大家，他們一位是修車技術一流，和朋友合資後在石牌、北投地區擁有幾家連鎖修車廠的老闆；一位則是國際知名珠寶商在台分店的店長，平時接觸的都是動輒身價上億的大老闆，做成一筆交易，便能獲得極高的手續費。他們的所得，難道會比當年其他好好讀書，考上一流高中、進入國立大學，最後當上老師、工程師或者是公務員的其他同學們差嗎？一點也不！不僅不差，我反而覺得從與他們的聊天中，感受到他們在求學找工作的過程裡，因為覺得自己「好像有點不如人」，所以分外把握學習的機會，只要有不懂的地方，都會虛心請教，即使再小的工作機會，也不會輕易放過，總是大膽嘗試。我想，這也許正是造就他們年紀輕輕，便已經年薪破百萬的原因。

於是，不管你現在唸的是什麼學校、讀的是怎樣的專業，都不要聽你的父母、師長、甚至是朋友們胡說，說什麼「書讀得好以後才有用」、「你以後不會有前途啦」、「唸這個專業以後沒出路啦」、「你就是一個扶不起的阿斗啦」……等等的屁話！

書讀得好，早已不是現今社會的唯一出路，看看現在社會上頭角崢嶸的大人物，哪一個有高學歷？世界第一名的麵包大師吳寶春，國中畢業；音樂界的天王周杰倫，高中畢業；組裝事業獨霸全球的鴻海集團老闆郭台銘，專科畢業……他們沒有一個人有高學歷，更稱不上會唸書，卻有著驚人的成就。若是他們在求學時代便輕易接受這個社會「萬般皆下品，唯有讀書高」的價值觀，豈不早就抑鬱不振，自甘墮落了嗎？

把上面這些人提出來，不是想強調書讀不好反而有前途，而是你到底知不知道自己現在在做什麼？讀書方面或許不如人，但可以在專業技術上加強；專業技術不怎麼樣，也可以在創意和點子上多所著墨，找尋smart（聰明）的方式來左右逢源；書也讀不好、又沒有專業別氣餒，人際關係打得好，能讓周遭人乃至長輩都信任你，他們一樣會在日後願意出錢投資你推薦的項目上……最重要的是在這條求學路上，要不斷地動腦找出能夠讓自己優勢和特點足以發揮，並且厚植實力等待那個讓人刮目相看的機會。

熱愛學習，應該是一個終身的工作和事業，學校的成績不好沒關係，更重要的是去學、去做、去反省、去修正，然後再把心得經驗拿來裝備自己，做最好的墊腳石再出發！

同學會

這不是大騰嗎？
好久不見～
好久不見～
還是像以前一樣傻乎乎，居然穿汗衫來這種高級飯店，你該不會連錢都沒帶就來了吧！
對啊～
喂喂！你要留在這洗盤子嗎？現在油價物價漲，我薪水可沒漲，別指望我們幫你出。
呵呵！
原來你不知道啊？大胖是這間飯店的主廚，當然不用帶錢來啦。
薪水大概是你的三倍吧！

而對於唸一流高中，在班上始終名列前茅的同學，我也要說，千萬別聽信某些父母師長胡說，以為你現在書唸得好，人生就有了保障，那是錯的！人生從來就沒有保障，你的人生也不會因為考上好的大學、找到所謂好的工作就獲得圓滿。那些都只是一個又一個的階段，克服完一個還有下一個。於是你在乎的，同樣也不該是考上一個好學校、進入一家好公司，而是培養自己不同的能力，並且訓練出解決不同問題、面對不同狀況的信心與方法。

其實學生時代成績太好，有時候反而不是一件好事，因為那會對你形成一個「舒適圈」，只有在這個關於考試、分數的競技場上，才能過關斬將，培養自信，於是一路從高中、大學，繼續唸到了研究所、博士班，不知道自己真正的興趣在哪裡，也沒有培養其他任何關於就業的能力。問題來了，現在各級學校釋出的空缺不多，市場上流浪教師、流浪教授不知凡幾，他們除了會考試、會教書（其實不一定）、會做研究外，毫無一技之長，但又沒有其他工作給他們做，過去對於自己教育方面的投資，等於完全付諸東流！到了這個地步，也只能感嘆自己當初「被騙了」，讓那種「唯有讀書高」、「只要學業拿高分，人生就有保障」的觀念給害慘了。

不過，把責任都推給其他人，好像自己沒有責任，其實是不對的。你的人生，不是別人的，是自己的；永遠不要活在既定的教條觀念中，也不要輕易接受父母認為是你該走的路，而是把握青春，放膽地去闖，找到天賦和熱情的所在，贏得屬於你自己的精采人生！

畢業後這幾年大家都變好多。
是啊！
以前內向的莉莉成了事業女強人，兇巴巴的小珍成了教小朋友畫畫的美術老師，功課一直名列前茅的派克卻賣起了雞排！
話說以前的白馬王子小鐵，現在卻是身材走樣，頭髮稀疏，還是三個孩子的爸...可謂世事難預料呢！
這麼快步入婚姻的墳墓，也真是有勇氣！
嗯...那三個孩子的媽正坐在妳對面喝茶呢！
......

把英語學好，擴大自己的世界

把英語學好，不僅僅是為了應付學校的考試，更是讓自己具備國際競爭力，並且拓展自己的視野與世界。身為一個高中生，既然學校本來就有提供英語課程，正好可以借由這個機會，逐步把英語的實力建立起來。接下來要介紹的，是我如何結合學校的英語課程再加上自身額外的努力，把英語學好的撇步。

在提供學習英語的有效方法之前，我認為更重要的是心態！大部分的人，需要的其實不是方法，而是真正採取行動的決心，以及堅持下去的毅力。多少人都只是嘴巴講講應該要加強英文，或羨慕別人說得一口好英語，但一轉身，又把時間花在玩樂或與朋友聊天打屁上。要知道，當你在那邊虛混度日、浪費時間的時候，優秀的同學卻把時間投資在自己身上，讓自己更優秀，這就是他們和一般人之間距離越差越大的原因。想要有令人稱羨的成就，卻妄想不必付出過人的

努力，那無疑是緣木求魚。

如果在學習英語的過程中容易覺得怠惰的話，可以試試NLP（Neuro-linguistic Programing，也就是神經語言學）的方法。這派心理學者認為，人都是不斷地在追求快樂的感覺，並且在避免痛苦的感覺。所以，想要把英文學好的你，應該在心裡強化那個學好英文後，能帶給你的快樂感覺，包括拿到高分時的快感、同學們看你和外國人流利對談的欽羨目光、以及能用流利的英文和各國正妹帥哥搭訕的滿足感……等等，在腦中強化那些畫面和感覺能帶給你的快樂，就會刺激你在學習英文稍有怠惰的時候，能用這個未來的、想像的快樂，來幫助自己不畏眼前的困難與辛苦，繼續努力不懈。

另一方面，你還可以強化那個英文不好所帶給你的痛苦感覺，包括因為發音不好遭受班上同學的嘲笑，課堂上問題答不出來時的困窘，未來工作上因為英語能力不足而被新進同事取代的恐懼，以及看到自己心儀的美國學校女同學和男同學卻只能裹足不前的痛苦……等等，把這些痛苦的畫面和感覺無限放大，然後告訴自己，絕對不要走

為了讓英文能夠進步，我們來用強迫學習法來練習英文，就是不能說中文，只能用英語溝通！
好啊！
就像住在國外每天只能說英文，自然而然就進步了！
Hi~
Hello~
……
……
就這樣，小倆口冷戰了兩個多月，宣告放棄…

到那樣痛苦的境地，利用這些可能的痛苦，來刺激自己當下立刻採取行動。妥善地運用這種快樂與痛苦感覺的神經連結，能讓你在學習英文時，有著比別人更強的決心與毅力。

心理層面準備就緒後，接下來就是行動了！萬事起頭難，如果不知道該從什麼地方開始的話，不如先從以前學過的國中和高中課本開始，把學過的東西，全部重新複習一遍，包括單字，文法和課文。每天花個兩小時的時間，應該在兩個月內可以把六年的英文教材全部複習完。不過，複習的時候，不要只是再次讀過而已，而是要一方面大聲地把那些單字和文章讀出來，並且把一些特別常用的句子，在腦中模擬現實生活中的畫面，然後把它們說出來。

英文程度不好的同學，補充讀物可以從《大家說英語》和《空中英語教室》這兩本雜誌開始，每天聽，每天讀，也每天跟著播放機說；程度比較好的同學，可以從閱讀英文報紙，《Time》以及《Newsweek》……等雜誌開始。看完好的文章之後，一定要再大聲地把它們多朗讀幾遍，並且把不會的單字製作成小卡片，在大眾運輸系統上或其他等待排隊的時候，拿出來不斷地複習。也許你要說：「可是我記性不好怎麼辦呢？」記性不好沒關係，同樣的東西聽了三十遍、五十遍，甚至一百遍，我不信你還記不得！語言就是反覆地練習和造成習慣罷了！

同時，想學好英文，一定要創造一個最佳的英語環境。我們現在有了網路，隨時可以連線到世界各地的英語廣播電台。建議大家不要聽音樂台，因為效果有限，不如聽 Talk Radio，也就是類似台灣的談話性的節目。可以上 www.npr.org 之類的電台，便可以二十四小時完全只聽英文的評論和分析，裡頭還有很多關於美國人生活與文化的討論，對你英文的能力幫助非常大；也可以善用 Youtube，然後在搜尋欄裡面打上 Bill Clinton（柯林頓），Randy Pausch（蘭迪鮑許）之類的名字，就會出現他們和一堆相關名人的演講，第一遍聽不懂的時候，就多聽幾遍。相信我，當你聽完一百遍的時候，你一定懂！

接著不只是聽，還要把不會的單字查出來，再接著聽，幾次之後，便開始跟著講者複誦。一開始跟不上講者的速度沒關係，不出聲在嘴巴裡面默唸，嘴巴跟著講者動。幾次之後，你就可以同步跟著他發聲說了。這樣做有幾個好處，首先是你能改善自己的發音語調（pronunciation and accent），還可以增進字彙的能力，最棒的是，你可以學到世界上一流演講家的風度和儀態。想學好英文，這就是最好的方法！

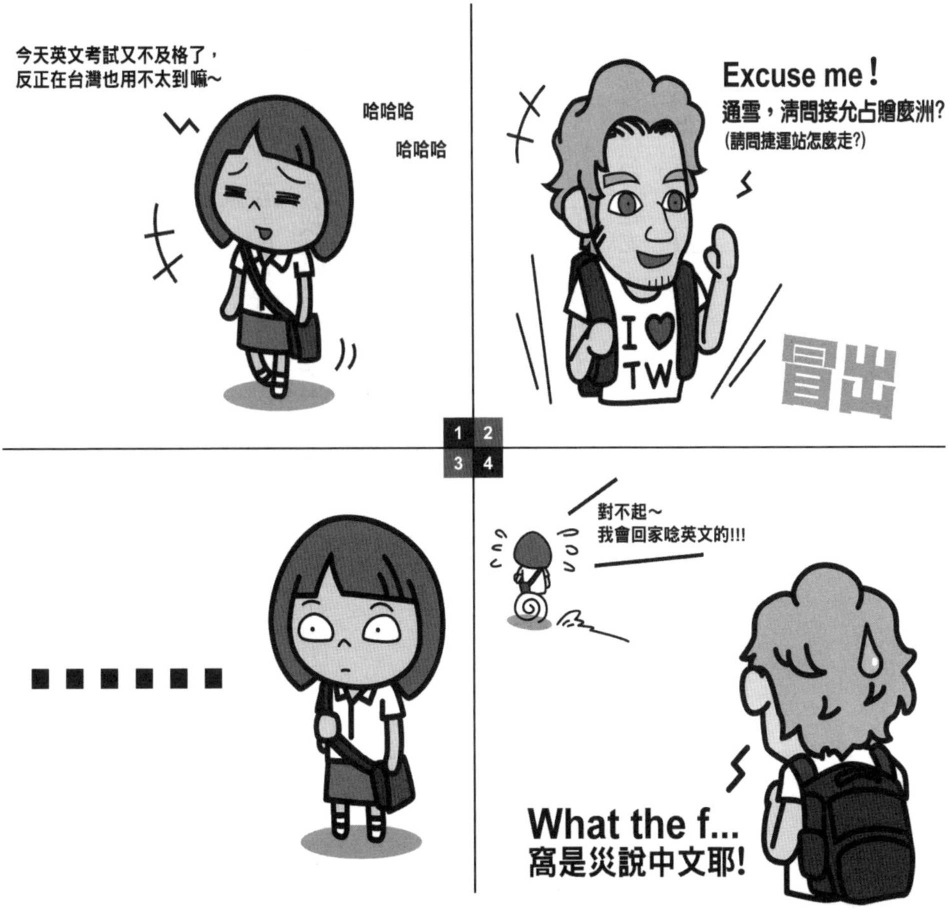
今天英文考試又不及格了，
反正在台灣也用不太到嘛～
哈哈哈
哈哈哈
Excuse me！
通雪，凊問接允占贍麼洲?
(請問捷運站怎麼走?)
冒出
I ♥ TW
1 2
3 4
……
對不起～
我會回家唸英文的!!!
What the f...
窩是災說中文耶!

給自己一個全英語的環境

學了一陣子英語以後，一定會遭遇一些困難，包括學習上的瓶頸、自身的懶散。我就來分享一下當時自己在剛到美國留學時，是怎麼在短時間內提高英語實力的方法吧！

為了給自己一個全英文的環境，我早上一起來的時候，就用英文廣播來叫醒自己，開車去學校的路上，我從不聽音樂，只聽英文脫口秀的節目，晚上睡前也只讓英文脫口秀的廣播伴我入睡，反正二十四小時，只有英文就對了！

我當時甚至連平時思考和睡前回顧一天生活和擬訂明天計畫，都是用英文來跟自我進行對話。用英文問自己問題，也用英文自己回答。所以，停止抱怨學習英語的時間不夠吧，時間永遠是擠出來的！

這又讓我回想起自己在台灣當兵受新兵訓，沒有自己時間的時候，也都有應付的方法。那就是，管他台上的班長或營長在講什麼，我一律在腦中把他們的話全部翻譯成英文，然後把不會翻譯的單字和句子記下來，晚上有休息時間再去查字典。平時同學上課若是覺得這個科目不喜歡、或者覺得老師教得不好，那麼也可以把老師授課的內容，全部在心中把它用英文翻譯一遍，不會的就做筆記，下課時趕快查單字。這麼做有兩個好處，一來你充實了英語實力，二來老師們都會覺得「這位同學實在認真」，對你留下良好印象，也容易在成績上給你高分。

要能夠把一個語言說好，不斷地練習是唯一的法門。除了跟著廣播英語和網路英語練習之外，最好還能結交只會講英文的朋友。要怎麼結交呢？很抱歉，那就只有靠搭訕了！

在台灣有太多的外國人，都是你可以去搭訕認識的對象。有了只講英語的朋友，為了和他（她）保持聯繫，增進友誼，你自然會在英語學習上更下苦功。如果對方是你心儀對象的話，平時學習起英文

來，還會有甜甜的感覺呢！現在台灣的外語高中很多，也可以透過校際之間的活動，或者學校社團的邀請，主動與他們交流，或者常聽ICRT；另外，知道外語學校校慶的時間，然後在他們園遊會的時候找三五好友一起過去玩，也順便交朋友，這樣你的英語實力在休閒交友中，便能迅速得到質的提升。

最後我想和大家分享的是：請你一定要相信自己，絕對可以master（精通）英語這個語言！

大家想想，連中文那麼難的語言，我們都可以說得那麼好了，更何況是英語呢？也許你要說自己不是外國人，怎麼可能把英語說得像外國人一樣好？那麼請問，你應該時常在路上看到那些穿得西裝筆挺，露出開朗樂觀笑容，騎著腳踏車到處跟人用中文問好搭訕，進行傳教的摩門教傳教士吧？

來台灣傳教的摩門教徒，他們又是中國人了嗎？既然不是，他們憑什麼能把中文說得那麼好？他們靠的還不就是傳教的熱情和反覆地練習（passion and practice）！

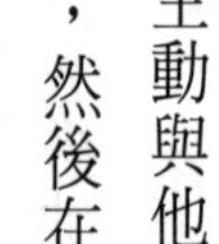

將將~
英許學習書刊
大家說英語
英語學習光碟
英漢辭典
英漢辭典
電子辭典
MP3
哈哈哈~有了這些法寶，
還怕英文學不好？
匡宇老師教的
我都有在聽！
每天就抽個兩小時
來學英文吧！
一小時後...
哈哈哈哈~
我要成爲海賊王!!
所謂師父領進門，修行在個人...
別忘了有恆才是成功之本。

同時，希望大家從今天開始，除了拚命地學習英語之外，請在腦中建構出那個自己已經能講流利英語的畫面，也許是你能用英語在大庭廣眾之下演講，也許是你能用流利的英語和外國友人對談，並驕傲地享受旁人給的欽羨眼光與掌聲……

舉我自己當例子，看過我的書的朋友，都知道我的短程目標就是要當亞洲最棒的國際主持人，不管是美國的比爾蓋茲，日本的大前研一，還是韓國的李秉憲或少女時代……等人來到台灣的時候，我都能用他們的語言，擔任他們記者會的主持人。雖然這是我腦中建構的畫面，但對我來說，卻是如此的清晰，如此的真實！就是因為我早已在腦中不斷播放這樣的畫面，才讓我更努力地利用時間來加強自己的語文能力。

對我來說，這些還未發生的事件，都是可以預見的，而且隨著我一步一腳印地精進自我的語言能力，那些成功的畫面也越來越真實，彷彿跟現實一模一樣。我早已經做好準備，也很快就要實現這個目標了。

不管你腦中為自己建構的畫面是什麼，相信付出努力的你，一定也可以實現屬於自己的目標！願大家都能把英語學好，使自己的思考更多元深入，也擴大自己的世界！

混血兒超可愛的啦～
男的俊女的美～
有朝一日真想嫁給外國人
所以我苦練英文，這樣跟
外國人交朋友就更容易了！
…我覺得你沒機會
什麼嘛！好歹我英文也不差，
難道是要說我長得不好看嗎！
不是妳不好看啦…
是老外的審美觀跟我們不太一樣…
好吧…
老外眼中的
東方美人!
I
NY
I
TW

千萬別作弊，因為留下的只有無盡的懊悔

雖然我一直強調不要太在乎學業成績和分數，但由於這個社會還是升學主義掛帥，因此一定有不少同學新學期的新希望，就是想在考試中得到高分，在班上的排名能夠名列前茅。

當年的我也是一樣。儘管小學四年級以前，全班總人數四十人，而我都考三十幾名，但總是「昧於」自己功課不好的這個事實，發願下次一定要考第一名。為什麼我對拿高分這件事這麼的執著呢？因為我有個強調「萬般皆下品，唯有讀書高」的老爸。他總是在我成績不好痛揍我的時候說：「孩子，如果你是個笨蛋，我絕對不會這樣逼你啊！」言下之意，絕非如果我是個不聽明的孩子他就能接受我成績不好這件事，而是他根本「拒絕接受」自己的孩子是個笨蛋，即使那是事實。再加上我的哥哥，從小功課就非常好，除了是明德國中全校前三名（時常第一名），後來唸的又是建中資優

班以及臺大物理系。哥哥是資優生，弟弟怎麼可能不優秀呢？這是我父親的「信念」，憑藉著這個信念，他不斷地推動自己，也逼迫著我。

於是，小時候的我，著實背負著不小的壓力。也就是在那樣的壓力底下，我在四年級的某次段考，決定作弊，因為我再也不想考個全班後段的成績了！那時我有兩位好友，一男一女，分別坐在我的左手邊和右手邊，一位是全班第一名，一位是全班第二名。我在考前告訴他們，反正我和他們的差距那麼大，絕對不可能考過他們，但他們只要願意把考卷移旁邊一點，讓我偷瞄一下，我的成績便能進步到前二十名甚至是前十名。事成後我一定對他們大為感激，並且好好請他們吃一頓。在他們的協助下，我果然各科成績在那次段考中有了飛躍式的進步，一下子就獲得全班第十名左右的佳績。但我只高興了兩天，事跡就敗露了。

原來，有位班上成績大概是第五名左右的王同學，本來就看我不是很順眼，又「耳聞親見」我考試時偷瞄別人考卷，於是跟老師打

兒子你給我聽好了，考試不能作弊！誠實最要緊，即便考得不理想，也才知道哪些題目是自己不會的。
那老爸你以前作過弊嗎？
1
2
3
4
那時候你奶奶很嚴格，考試沒有90分差一分打一下...
有一次的數學考試真的太難了...隔壁的同學也很熱心...
過去就讓它過去吧～

小報告，說我作弊。接到檢舉的導師當然不能不查，便把我、我那兩位好朋友，都叫過去問話。結果是，兩位同學承認了他們有把考卷在寫完時「往旁邊擺一點」，但我堅持，自己雖然有在考前和他們提過幫助我的事情，但實際上考試時根本沒看他們的考卷！因為我態度很堅定，以前也從沒有作弊的紀錄，於是老師拿我沒轍，只好選擇相信我，這件事也就不了了之。要是當年學校都有加裝攝影機，那麼我的惡行就不免被人贓俱獲了。

我人生中另一次的作弊，則是發生在高中的時候。那次段考的數學很難，老師在考完後把考卷發下來後，給同學們討論和複查的機會，班上同學們便開始了無法無天的大作弊，我一看那還得了，自己要是不跟著做，豈不是會掉出全班前五名以外？於是，我也偷偷地改了幾個地方，厚顏無恥地去向老師要分數。結果和小學那時一樣，班上又有一位黃同學，他自己雖然也作弊，但「覺得鄭匡宇怎麼可以做得比我還誇張」，於是一狀告到老師那邊，不惜玉石俱焚。班導師在段考排名出來後的第三天就把我叫到導師室，開始詢問我是否有作弊，甚至還像偵探柯南般要我一題一題地解釋分數為何可以加回去的原因。

我因為心中早有準備，作弊技巧又還算高明，對老師的質問應答如流，所以當時老師查不出具體證據，再加上我一直以來成績都很好，也沒有任何作弊的前科，於是又讓我僥倖過關，只留下憤恨不甘的黃同學在那裡氣急敗壞，氣得牙癢癢地又莫可奈何。

大家看到這裡千萬不要覺得我是不是很得意？覺得自己很厲害，作弊都不會被抓到？絕對不是，而且恰恰相反！正因為我曾經作弊過，知道那種擔心害怕的心理煎熬，所以在快三十年後的今天，還想藉由寫作分享的方式，大聲疾呼，要各位青年朋友，千萬不要作弊。

許多你現在這個年紀覺得非常重要、想要錙銖必較的事情，例如考試的成績、一時的挫折或氣憤等等，過了五年十年再回頭看，會發現那些根本就是猶如人類瓦斯（屁）一般的雞毛蒜皮，根本一點都不重要。為了這個輕如鴻毛，有如過眼雲煙的東西，你還得費盡心思，欲蓋彌彰，違背良心，甚至被抓包後還有可能留下終身不良的紀錄或心裡陰影，根本一點也不值得。

看看我不就知道了？一件不值得做的錯事，卻一直在我心中擱了幾十年，到現在都沒有辦法忘記，實在是一點都不值得！如果能夠再來一次，我絕對不會作弊。因此，我當然希望付出努力的各位，都能夠得到理想中的成績，但即使未盡人意，即使你準備不足成績低落，也千萬不要作弊，因為我希望你永遠都能抬頭挺胸，俯仰無愧於天地，那才是人生中最大的開心，也是最值得驕傲的事！

有同學跟老師說考試時候有人作弊，老師這次就不追究，但要大家在接下來考試前先簽定”我今天的考試絕對沒有接受其他人幫忙”的條約。
我相信各位會對自己誠實！
嗯，很好很好，只要作弊的同學能改過自新就行了!
還有同學沒交上來的嗎？
1
2
3
4
怎麼可能!?平常最文靜乖巧的其其同學...難道...
老師...是我...
其其同學妳為什麼不簽呢？
因為我昨天向上帝禱告，希望祂幫助我今天的考試能拿到好成績...

除了努力，你還要懂得「鑽」

如果你除了這本書以外，也曾經涉獵過我的其他書籍，例如《你就是自己的激勵達人》，會發現我在求學過程中看起來好像平步青雲，但其實一點也不優秀。應該說總地來看，我就是一個明明不優秀、家裡沒背景，甚至運氣也不好的人，一路以來，「硬要」讓自己成為一個「咖」。這中間，努力當然是必要，但更重要的是，如何聰明地去為自己「鑽」出一些機會，個人認為對於處於當今激烈競爭環境的各位來說，格外重要。

我那考取公費留學的資歷，就是一個讓許多人驚豔的事跡。大家一定心想，鄭匡宇想必很優秀、又很會考試，才能考取這千百人中只取一名的公費留學考試。要知道，這個教育部的公費，除了考取者在國外三年的學費實報實銷之外（你唸貴族學校，例如常春藤盟校，國家就給你常春藤盟校的錢，若是較便宜的州立大學，他們

就給較便宜的學費），每個月還有八百五十塊美金的生活費，對於當時就讀 UC Riverside 的我來說，真是綽綽有餘。而且不說大家不知道，我們家除了我，哥哥也是公費得主，等於我們一家兩個人，在三年求學期間，就一共「A」了國家六百萬！

但我們是怎麼做到的？首先，公費留學考試，一年舉辦一次，每個科目也只錄取一個名額（每年方法不同，請密切注意教育部國際文教處的公告）。因此，要是我去報考什麼法律、傳播等較熱門的科目，勝算可說極其低微，因為那些考生，各個都是臺、清、交畢業的佼佼者、一路過關斬將的資優生，我這個哲學系出身，又沒有好好讀哲學的傢伙，別說別的應考科門的專業科目考不過他們，就算我報考哲學這個科門，由於學生時代沒有好好努力，也一定考不上。

於是當時我在準備考試報名時，特別把簡章翻來覆去地看了好幾遍，想找看看有沒有我能夠突破的機會點。我第一個看到的就是「運動管理」這個科目。因為公費只考學科不考術科，我心想會對這個科門有興趣的，應該大多是體育系的學生（一九九八年時，運動經紀和管理的風氣可說是方興未艾），既然體育成績完全不看，只競爭筆試的成績，那麼我總該能贏過其他人吧？

我哥哥當年贏得公費，就是靠這招！一個臺大物理系畢業的人，去考「運動訓練法」這個科目，你認為他的競爭者是誰？一般體育系畢業的學生，數學、生物或物理有可能比我哥強嗎？很難吧！於是，他當然就一舉成功了。

我打算如法炮製，用我哥的方法來「挑軟柿子吃」，進行人生突圍的絕地大反攻。

這如意算盤雖然打得好，不過很可惜，仔細一看報名簡章，那年公費考試居然規定「運動管理」只能是二、三類組，也就是具備理工科系背景的學生才可以考，我這個文科畢業生，連報考的資格都沒有。但我沒有沮喪失望的時間，翻到最後一頁，看到「舞蹈史與舞蹈理論」，我眉頭一挑，就決定考這科了！

說真的，雖然「舞蹈史與舞蹈理論」一聽就知道，會報考的大部分都是舞蹈科系的學生，根據「時間花在哪裡，成就就在哪裡」這

與其與強勁的對手交鋒，倒不如挑選一個能打遍天下無敵手的擂台。
原來「還要懂得鑽」就是這意思啊～真是受益良多！
1
2
3
4
沒錯，其實我早已這麼做了！的確是無往不利～
快說來聽聽～快說～快說～
像我都追求比較胖，或是比較不會打扮沒自信的女生...
龍騎士...

個法則，加上公費只考學科不考術科，我理應能過關斬將，一舉成功。但請大家想想，如果是你，雖然考上後能拿公費出國讀書，但你敢讀舞蹈史與舞蹈理論嗎？你認為出來找得到工作嗎？一想到這裡，應該就不敢考了吧？

但我敢！敢的原因，在於我早就看透了幾個事實。

第一，我在大學時期因為參加了「青年友好訪問團」出國表演，早就被操得死去活來，從不會跳舞被訓練到跳得還不錯，也對舞蹈產生了興趣。更因為和幾位指導老師聊過，知道舞蹈這個東西，如果唸到博士班，其實學的就是史學、人類學和社會學與文化研究的理論，之後再將理論拿來研究舞蹈這項藝術，跟我原本要讀其他文科博士的科目和理論是一樣的。

第二，如果對舞蹈的興趣不是那麼高，那麼其實還是可以先考上公費，然後在國外就學期間，加修別系的課程，變成雙主修。像我哥哥拿公費出國唸書，研究所卻拿了運動訓練法以及機械兩個碩士，自己的錢一毛都不必出，還多了一項「比較好找工作」的學位。

我當時就是抱著這樣的想法去準備考試、去應試，想當然耳也順利拿到了公費。出國後得到的，不僅僅是知識上的收穫，更是思維方式和眼界大開。

回顧大學那幾年，如果我不是因為聯考沒考好進入哲學系，害怕畢業後找不到工作，就不會如此奮發圖強地東摸西試，磨練出自己在語言和公眾表達的能力；如果不是因為家裡沒錢又想要出國，也不會想到去報考青訪團，用血、淚、汗換得一次出國的機會，甚至奠定了我未來能考取公費留學的基礎。

總之，只要認真努力過，走過的痕跡就不會白費，而如果你懂得整合經驗及資源，那些過往經驗，更會是贏得更大成功的基石。我鼓勵所有的年輕朋友，努力本來就是應該，但你更要懂得「鑽」，鑽出你的一片天，讓你的優勢被看見，也讓你所有曾經的付出不會白費！

為了自己的夢想，小美每天
自發練舞三小時，也不曾覺
得厭倦。
喜歡音樂的阿猴，辛苦存了
三個月打工的薪水，終於買
了第一把吉他。
1
2
3
4
而不學無術的阿標，
整天只知道玩樂...
來啦～阿標金幾勒！
但他家有四棟房，三塊地，
五部車還有許多股票...
在我看來，他仍是最
接近成功的那一位...

書是這樣讀的，身體是這樣練的

許多高中學生共同的困擾，就是不知道如何讀書，以及不知道如何準備考試。我以多年來克服各種不同考試，以及從中歸納出來的方法，和大家分享最有效率和效果的讀書法，助你輕鬆準備考試，享受同時獲得高分，又能盡情玩樂的高中生活。

首先是關於文科的部分。你可以在上課的時候，認真聽講，如果是英語課，第一遍先跟著老師大聲唸課文，然後在其他同學朗讀或回答問題時，也在心中將答案默唸出來。千萬不要心想被問到的又不是我，而一副事不關己的樣子。要知道，當你上課很認真，並且每一個課文及練習，都透過這種方式練過，回家之後，等於可以不必複習，或者一科只要花三十分鐘左右的時間，將課堂上的重點快速瀏覽一遍即可。其他的時間，不管你想看課外讀物、上網，甚至是打電動，都可以隨心所欲了。也就是說，每天回家，大概只要花上一個半小時複

習就很足夠，根本不必死讀死背，挑燈夜戰，那其實都沒有必要，因為你在課堂上的認真參與，已經替你省下了許多時間和精力。

至於理科和數學，雖然不是我的強項，但我畢竟是經過激烈競爭考上成功高中、政治大學，因此知道該怎麼準備這兩個科目。首先，數理的問題首重理解，如果老師這樣解釋你聽不懂，就到補習班或者找比較厲害的同學，再講解一次給你聽，一次聽不懂，就多聽個幾次。懂了還不夠，更重要是的練習解題。練習解題除了可以使你對該理論題型更加熟悉外，有鑑於學校大多還是憑藉著考試來衡量學生的理解度，而考試又是有時間限制的，於是你若能熟稔題型，加快答題速度，那麼心情上就不容易緊張，能夠游刃有餘地把所有題目都做完，不至於在一個題目上耗費太多時間，造成排擠效應，連原本都會的題目也做不到、答不出來。

除了平日上課時專心聽講、回家後抽點時間準備外，到了考試前兩個星期，開始利用週末的時間，花費星期六和星期天各四小時一共八小時的時間，再做一次統整的複習，把各科考試的範圍再做一次

2013
5月
22
星期三
距離期末考還有一個月，
每天復習一科一小時綽綽有餘～
先來玩LOL吧～
反正時間還多
2013
5月
31
星期五
距離期末考還有二十天，
每天復習一科兩小時就夠了～
先來打電動吧～
2013
6月
10
星期一
距離期末考還有十天，
每天復習四小時還來得及～
回家先Relax一下…
玩完就來看書吧！
2013
6月
19
星期三
明天就期末考了…
今天不睡的話應該可以
全部都復習完！
我只打個首勝…
首勝就好！
啊哈哈哈…
結果如何，想必
大家都猜得到…

鉅細靡遺的複習。如此加上考試前最後那個禮拜的週末，一共有十八個小時的複習，照理說一定足夠了。

這時有個準備考試的技巧得留心。請務必從考試範圍的後面往前面準備，而不要老是從前面往後面準備。因為後面的範圍通常比較困難，而困難的內容，往往包含了前面簡單的內容。以英文為例，後面的課文和文法會了，等於前面的課文及文法也沒有問題；數學題和物理化學題更是如此，教科書在規畫上，總是由淺入深，從簡到繁，於是後面的練習題，大多也涵蓋了前面章節的重點。因此，如果你沒有太多時間準備考試，最好從後往前準備。這是我自己多年來身為老師出題時的習慣與秘密，特別提出來與看這本書的讀者們分享。

還有最重要的，就是考試前一定要誠實地面對自己，問問自己，到目前為止的章節，到底哪些部分還似懂非懂，或其實根本不理解？趕快去請教老師和同學，一定要把那些部分搞懂。切忌心存僥倖，掩耳盜鈴，自己說服自己那些部分，老師「應該不會考」！

告訴各位，根據經驗，老師偏偏就是會從大部分同學比較不容

易搞懂的部分來出題，如此方能在成績上分出不同程度的高下，避免不好排名打分的困擾。總之，如果你迴避問題，那麼好成績也會迴避你！

在爭取不錯成績的同時，培養強健的體魄，對於高中生來說同等重要。在年輕的時候替自己的健康打下良好的基礎，才能支持你未來進入社會工作後的勞心勞力。我特別想提醒各位同學，一定要養成晚上十一點以前上床，早上六點半或者六點起床的習慣。根據研究報告指出，夜間十一點到凌晨一點的時間，是最重要的睡眠時間，能把握那個時段好好休息，遠比睡懶覺或補眠來得重要。但我知道許多同學，包括我自己，總會覺得一定要把書讀完或者電動打完才上床，因此耽誤了睡眠的黃金時間。其實，這都是可以調配的，先睡覺，再早起讀書做事，花費的時間一樣，但效果卻大大不同。我在清晨寫書做事的效率，總是比夜間挑燈夜戰要來得高，以前學生時期準備考試時的感覺亦是如此。因此，晚睡晚起，絕對是比不上早睡早起的，千萬不要本末倒置了。寧可先睡覺，但鬧鐘記得一定要調一下！

再來，每天最好都能花三十分鐘到一個小時的時間，跑個十圈操場，或者做做簡單的體操，甚至是打球和拉單槓，若實在沒有時間，也可以用飯後的時間來散步，耳朵上掛著ＭＰ３來聽英文。慢走是最好也最溫和的運動之一，它不但能幫助消化，還可以達到健身的效果，更可以活化你的腦袋，讓你在回到書桌前複習功課時事半功倍。

有句話說得好，健康是一切的基礎，就好像阿拉伯數字的１，之後附加上再多的零，若是沒有這個１，再多的零終究還是零；也就是說，那些名聲、財富、權利和愛情，都必須以健康當作後盾。在學生時代把健康照顧好了，它將是你美好未來最堅強的基石。我今年快四十歲，許多人一見到我卻以為我二十幾歲頂多三十出頭，演講的時候聲如洪鐘，需要的時候一天趕個三場演講都游刃有餘，能這樣耐操耐磨，想來都是年紀輕的時候在身體健康上打下的良好基礎。希望這健康的秘訣，各位也能夠盡早開始。

上面介紹應對考試的態度做法，以及培養健康體魄的方法，其實用一個比較宏觀的角度來看，也恰恰是你在面對自己人生時應有的態度和方法。平時好好準備累積實力，誠實面對自己的弱點，尋求解決之道，並不忘健康的重要。如果大家都能做到這一點，相信在班上的成績要排進前十名，應是輕而易舉，而在未來的人生中想要克服困難達成目標，也將易如反掌！

鏡仔你成績總是名列前茅，
好想知道你書都是怎麼讀的...
你每天都花多久時間看書啊？
我每天固定都花一到
兩小時復習功課啊～
那你呢？
我每天花四到五小時復習功課...
我才想知道他都是怎麼讀的吧...
其實功課好不代表比
別人聰明，而是比別
人更懂得運用時間～

面試必勝撇步

如果你是位高中生，那麼也許在畢業的時候可以不必參加指考，憑著推薦甄試，進入自己喜歡的學校科系就讀；如果你是位大學生，在四年內有許多能夠為你履歷加分的活動和比賽，都應該好好把握，去參加學習；而畢業之後，你得找工作或繼續進入研究所進修……這一層又一層、一關又一關的經驗與試煉，都有一個共同點，那就是通常都得經歷面試這一關，而且越好的活動、越能為你加分的資歷，其過程中必須通過的面試就越競爭也越困難。如何發揮自身的優勢卻不顯得驕傲，使得評審能對你青睞有加，順利進入你想進入的「圈子」，獲得你夢寐以求的經驗和名聲，就是我現在想與你分享的面試必勝撇步。

在前去面試之前，請務必注意你的服裝儀容。每個企業都有每個企業的文化，不過通常對於大學畢業生來說，只要是坐辦公室或業務行銷的工作，最安全的做法就是男生穿西裝打領帶，女孩子則是著套裝搭配長裙，或者不是太短的短裙及貼身剪裁的長褲。但如果你應徵的是勞力工作，或者需要在外面東奔西跑的工作，那麼輕鬆休閒但乾淨的服裝，則有助於你在現場的表現，因為類似像清潔員或倉庫管理的工作，可是要當場測驗體能的。總之，知道你要應徵的工作是什麼，然後穿著適合那個工作的服裝，是讓主考官們對你印象加分的第一步。

在準備面試的時候請務必記得，先花一到半個月的時間，對即將面試的公司或活動，做深入的調查和了解。現在的網路如此發達，隨便用 Google 大神搜尋一下，應該就可以找到一堆相關的資料。找到之後一定要詳盡地閱讀，並且試著把一些獲取到的訊息，加入在你面試的問答中。讓我舉兩個例子：

我當年在美國讀書的時候有一位學長，他唸的是史丹佛大學的心理學博士，當他在申請史丹佛的時候，可不是只拿著學校要求的托福以及 GRE 成績去申請而已，他早早就把想去的學校科系內幾位知名的老師，做了地毯式的調查，上網閱讀或者購買了其中幾人的著作，然後寫信給其中他最想拜入師門的老師，提到自己現在正申請那位老師任教的學校，日後也希望由那位老師來指導。因為他看過那位老師的某本著作和某個研究報告，裡頭提到的，正是他未來也想進入的領域，而他自己目前對那個主題的理解是×××，希望在老師的指導之下，能夠更上一層樓，使得研究更嚴謹，方法更正確……大部分的老師，看到如此積極的學生，都會「龍心大悅」，只要該學生的基本能力夠（托福考試、GRE成績過關），應該都會趕快和自己系上負責招收學生的委員會打個招呼，甚至該教授自己根本就是委員會的召集人，如此一來，該學生怎麼會有不錄取的道理呢？這些「機密」，是那位學長的老師事後親口告訴他的，可見的確是非常有用的方法。

另一個則是我學生的故事。他在畢業後想進入某食品大公司擔任行銷的工作。面試的時候，與其他兩位應試者一起，輪流回答主考官的不同問題。他考試前就一直在思考，如何能讓自己在面試的時候與眾不同，脫穎而出？該怎樣結合公司的背景、相關報導和自己的學習經驗，使得面試官對他印象深刻？

機會來了。大部分的面試，面試官都會問這樣一個問題：「你為什麼會想進我們公司？你覺得你的哪些能力，是我們公司所需要的？」

我的學生從容地回答：「我過去在學校的××社團，擔任的就是負責推廣宣傳的工作。我們辦過校際性的比賽，更與外國大學一起做過聯合活動，其中我都是負責聯繫溝通和推廣的角色，所有的成績，在我呈給貴公司的履歷表內都有詳盡的說明和照片。但我其實更想說的是，我之所以想進貴公司有一個更重要的理由，是因為我喜歡貴公司的文化！記得前一陣子食品塑化劑風暴的問題發生時，媒體都在繪聲繪影哪些公司的產品有塑化劑、哪些公司的管理階層早就知道有問題卻隱匿不報。貴公司的董事長果斷地在第一時間開記者會，表示因為消費者有疑慮，公司的產品一律下架，再次送檢確定沒有問題後，才會重新上架，所有的損失，全由公司承擔。我認為，這才是一個企業家應有的態度和責任感，能在這樣的領導人帶領的公司下工作，我每天都能抬頭挺胸，認真奮鬥，請一定要讓我進貴公司發揮所長，與公司一同成長。」

我的學生告訴我，當他這麼一說完，看到擔任人資長的面試官（董事長的侄子，他在被錄取開始工作後才知道的），彷彿眼眶中含著淚水，頻頻點頭。而當然，他也在一個禮拜後，收到了錄取通知。他後來還告訴我，那時他的眼角瞄到，另外兩位和他一起參加面試的競爭者，一個露出不可置信他怎麼可以這麼「狗腿」的表情，另一個眼神則是充滿了「不屑」，但那兩人都沒有被錄取。

等他進了公司工作後他更了解到，努力工作是應該，嘴巴甜一點會更好。尤其在面試新人時，如果有人那麼說，不單單只是他嘴巴甜而已，更代表他有做功課，對公司的產品乃至理念都有深入瞭解，那麼公司當然會想錄取做足準備，並且「看起來」認同公司文化的人。做對了這一步，能為你的面試不知道加多少分。

當然，除了會說好聽的話以外，我想熟讀上面內容的各位讀者，一定也沒忘記我反覆強調的「實力」。申請學校也好、參加活動擔任幹部也好、進入一家夢寐以求的公司也罷，你一定得有到目前為止累積的一些作為和實績，以那些實績為基礎，對方才有評判要不要錄取你的依據。學歷不高沒關係，但如果你能通過相關領域的國家考試取得證照，或者有實績的成果，例如舉辦過跨校性的大活動，面試官也才有依據，能夠對你的能力給予認同，而決定忽略成績分數這回事。畢竟有些人就是不善於考試，拿不到高分，但無論如何，你總得有東西給人家看啊！簡而言之，有高分就給面試官看高分，沒高分就給面試官看實績，兩者兼備的話則容易平步青雲，都沒有的話就只能不斷看著機會擦身而過。

這裡再分享一個重要的觀念。我在學生時代就發現，有一些我非常想參加的活動，但沒有任何經驗的我，是不會被錄取的。於是，直接參加D活動它大概不會要我。沒關係，我就先參加A活動。參加過A活動後，B活動的承辦人覺得，「咦，你參加過A活動哦？那代

表你也具備了參加B的基本實力」，便決定錄取我。接著我就可以拿A、B來「騙」到C，接著拿A、B、C來「騙」到D，舞台越來越大、視野越來越廣，實力也越來越強。我的演講經歷，能從學校社團的小演講，講到獅子會、扶輪社的大場面，從幾十人的小公司，講到如廣達電腦和聯華電子等千人大企業，都是像這樣勤於累積，不貪躁進的結果。

現在的你，與其在那裡抱怨沒有能力、也沒實績，還不如真的鎖定一些目標和活動去實踐它們。相信我，在這條向前的路上，你自然就會累積更多的實力，養大自己的野心，最終實現你從小就求之不得的夢想，不管那是你小時候就想進入的大學，還是學生時代就想進入的職場！

請問中間這位Lon先生，為何
想來面試我們公司呢？
因為在內衣品牌公司上班，可以
常常看到許多大咪咪的女生。
哈哈哈，少一位
競爭者了
他是白痴嗎？這種心
底話怎能說出來
1
2
3
4
……
好，你錄取了!
最欣賞這種誠實的人
看到你彷彿看到當年
的我啊～
謝謝～

如何克服累死人的人際關係？

打好與父母師長的關係

在高中時期，學生與父母師長的關係，是一個讓兩方都頭痛的問題。父母師長覺得我們處於叛逆期，故意跟他們唱反調，不聽他們的意見和教誨。我們則覺得父母師長都不懂我們，不知道我們要的是什麼，還喜歡把他們自以為是的過時觀念，強行加諸在我們身上。

不過，如果能拉高自己的角度，站在一個至高點的位置來重新審視這一切，會有截然不同的看法，該如何應對進退，讓自己無入而不自得的方法，也自然能呼之欲出。其實，父母的期許以及我們對他們的不滿所造成的矛盾，主要來自兩個方面：

❶希望我們好好讀書

對許多父母而言，所謂的好好讀書，不是真的去吸取什麼新知識，而是「在學校取得高分」，然後能考取像臺大清大那樣的「好學校」，之後唸「有搞頭的科系」，因為這等於是未來就業與財富的保障。

可是從現實世界的情形來看，社會中最賺錢的人，都不是那些學生時代課業表現最好的人，郭台銘是海專畢業、周杰倫高中畢業、台塑集團創辦人王永慶還是小學畢業呢！唸那麼多有的沒的，到底是在幹嘛啊？（你心裡的ＯＳ）

❷孩子什麼都應該聽父母的

因為「天下無不是的父母」、「父母都是希望孩子好的，所有的要求也都是為了孩子好」；於是父母會希望我們早睡早起，三餐營養一定要正常攝取，凡事聽過來人的話，絕對不要頂嘴。問題是在你看來，他們的每句關心和要求，都是嘮嘮叨叨又不切實際。同樣一件事情，說一遍就好，反覆不停地說幹嘛？

又，老叫我們早睡早起，最好現在的年輕人能夠早睡早起啦！誰不是寫完功課後，上網跟同學聊天打屁或玩線上遊戲到十二點。如果照他們的要求十點前就寢，那不是連朋友都沒了？

以上這兩點，是高中時期親子關係最常見的矛盾，如果能看清這一切糾結的源頭，要想出解決的辦法，便不是那麼困難了。

首先，既然父母要我們好好讀書，那我們就「做出好好讀書的樣子」給他們看啊！每天一回家吃晚飯稍作休息後，便立刻對父母說：「我要回房間讀書寫功課了」，然後進房門，花一兩個鐘頭把功課寫完，沒有功課的話就把老師今天教的東西複習一遍，或者預習明天小考的科目。

剩下直到就寢的時間，若是喜歡讀課外書就讀課外書，想上網打電動就打電動，大部分的父母看你已經認真兩個多小時才進行娛樂休閒，應該都不會再有太多意見，你等於避免了他們的嘮叨，又換得了自由的時間。這麼做的另一個好處是，保證你的成績將一定能維持水準，也避免考前臨時抱佛腳，睡眠不足挑燈夜戰的辛苦。

但我知道，很多同學心中的痛，在於即使已經照我說的去預習複習功課了，成績還是普普通通，而父母的期許卻是你考進班上前五名甚至是一定要拿第一名；更慘的是有些天賦明明就不在讀書這個領域的同學，硬被父母逼著去考高分，問題是他看到書頭就痛，眼睛也睜不開，想當然耳就是一再取得低分，每每讓父母失望，導致雙方都痛苦不堪。

於是我要說，如果學業成績不是你的強項的話，那麼請還是依照我的建議，每天在父母面前「裝出一副好好讀書的樣子」，然後在其他你喜歡的領域裡頭累積實力，奮力一搏。

例如，要是你的興趣和天賦是在寫作、運動、甚至是電玩的話，就一定要把寫作業和複習功課以外的時間，拿來全力發展你的興趣與強項，最好能有成果展示會，或者得到校內校外甚至國際的獎項，讓

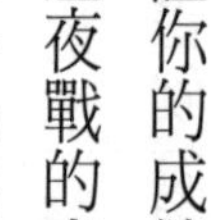

1
媽，隔壁班的志雄
人超好的。
喔 ...
2
每天會幫我買早餐，送飲料，
有時還會送些小禮物。
!!
3
笨蛋 !! 男生對妳越好，
表示心裡越壞 !!
別傻傻的！
咦噎 ...
4
我怎麼能告訴這小鬼，我以前
就是被她老爸這樣騙到的呢 ...
媽妳臉色怪
怪的 ...
別覺得長輩們都大驚小怪不明事理，
其實他們才是最了解的過來人 ...

父母看到你的成就。

只要能拿到一兩個優異的獎項，依據現在的升學制度，說不定連指考都不必，直接推薦甄試上大學，那麼不僅連心目中理想學校都能進去，父母也不會為你的未來擔心。

還有一個一勞永逸的方法，就是在填寫志願或者申請學校時，選擇其他縣市的學校，也就是刻意脫離父母的掌握，讓他們除了「電話」這項工具外，管不到你。不得不說，很多父母對孩子的保護和關心真的是過頭了，那樣的保護與關心，只會造成孩子心中的壓力與不滿。

如果你自己都覺得父母的保護過頭了，可以自己選擇，採取到別的縣市讀書這樣的方法，與他們保持適當的距離，讓他們的關心和保護，不至於成為限制你逐夢的障礙。

我的幾個朋友聽了我的建議，在大學的時候去別的縣市就讀，工作的時候立刻搬出家裡去外面租房子住，每天都開心得不得了！不僅平日能夠專心追逐自己的夢想，每個禮拜五六回到家裡，還能跟家人溫馨晚餐，與父母的關係得到了飛躍式的進步，這都是因為與父母保持了一點距離，少了嘮叨與摩擦的機會，珍惜相處的時間，彼此的關係也就更好了。

如果你無法離家而居，應對父母苦口婆心和嘮叨的方法，其實也很簡單，那就是打從心裡相信「這就是父母的本質」，而不要想去改變這一點。人類活在這世上有一個痛苦的根源，便是傾向於覺得「事情為什麼不照我想的那樣來進行？」，以及「別人為什麼不照著我要的去想去做？」

如果可以克服這樣的心理障礙，理解世事原本多變難料，重點不是一切如你所願，而是要能依照突發事件做出應有的反應並扭轉成良好的結果，同時不去試圖改變別人，而是轉變自己的思考方式……若能保持這樣的態度，將讓你自己開心許多，活得輕鬆自在。

同時，最好還把父母的每一句嘮叨，都在心裡定義為「他們在關心我」、聽了他們的嘮叨後「被迫」採取的行動，也當作是「我自己決定要這麼做」、「我做的一切都是為了自己」。

當你一改變思考的方式之後，便少了許多埋怨與不甘，多了理解、熱情與幸福感，不僅與父母的關係能夠得到改善，將這樣的心理調控技術運用的人生其他層面，也將為自己贏得一個左右逢源、一帆風順的人生。

1
我不想上大學唸書啦…
我的志向是餐飲那塊。
像阿基師
那樣！
2
不唸書怎麼行！老爸以前就是努力唸書
才有今天，還能讓你們不愁吃穿！
……
你以為台灣有
幾個阿基師！
就一個！
3
我不想上大學唸書啦…
我的志向是玩音樂。
像周杰倫
那樣!!
4
不唸書怎麼行！老爸以前就是沒唸書，
工作賺錢才會這麼辛苦！
……
你以為台灣有
幾個周杰倫！
就一個！
不管是嘗過甜頭還是吃過苦頭的父母，總還是
希望兒女能選擇最安全平穩的道路。

父母沒有虧欠我們任何東西；就算他們沒做好示範，我們也能教育自己

最近幾年社會的氛圍十分虛華，在媒體的推波助瀾下，助長了笑貧不笑娼的觀念，一會兒又是報導女星嫁入豪門，一會兒又是那個藝人拿的包價值幾百萬，或者誰誰誰開著千萬跑車、一擲千金……這些報導，挑起了社會大眾在物質上比較的心理，甚至把歪風吹到了校園，連學生也在比誰穿的衣服比較好看，拿的錢包比較貴，騎的摩托車更高檔。於是有錢的同學和沒錢的同學間不僅各自形成小圈圈，還造成極大的對立，有人為了打扮入時出手闊綽，進行販毒或賣淫的工作，甚至加入黑幫，尋求心理上和同儕之間的慰藉。

有些家裡環境比較不好的人，這時可能就會埋怨：為何我不是生在一個富豪之家，這樣就能含著金湯匙，衣著光鮮亮麗，出入有名車接送，學業成績不佳大不了就出國學習。財富代表了極大的自

由，但為何不是降臨在我身上？然後越想越氣，對自己的父母也沒了好臉色。

我想說的是，大家千萬不要有這種比較心。上天雖然是不公平的，但在很多事情上，也顯得還算公平。出身富裕家庭的孩子，表面上看起來好像因為家裡有錢所以打扮得比較時髦，人也比較有自信，但他們的自信，往往來自於父母給他們的物質。

但若是有一天他們的父母生意垮台，或者製造黑心食品成為過街老鼠人人喊打，那麼風光時候有多麼大的吹捧，失敗的時候就有多麼大的打擊。而且這種有錢家庭出身的孩子，他們有任何良好的表現，人家都會閒言閒語地說還不是靠他們爸媽；表現不好的時候，又會嘲弄他們是敗家子丟了家裡的臉，裡外都不是人，其所承受的壓力，實在不足為外人道。

於是，真的不要去羨慕別人，回頭看看自己，你會發現父母給我們的，已經太好太多了！至少他們沒有讓我們飢寒交迫，還給我們讀書的機會，能夠藉由學習來做到人生逆轉、階級流動。

我小時候看到家裡比我家有錢的孩子，也曾有一點羨慕嫉妒，但只要一想到我與家人的和諧關係、父母給我健康的身體和能夠自由思考、聰明生活的腦袋，就覺得自己實在是太幸運了。

尤其當我再長大一點，發現正是因為我們家裡沒有錢而又想出國，所以我才會拚死拚活地去考公費留學，又因為在國外的生活所費不貲，一定得多賺些外快，甚至激發了我創業的精神，在美國開設了自己的運輸和通訊公司。

也就是說，家裡的資源不足，反而是最好激勵我成長的溫床，我總是覺得自己還可以更好、舞台可以更多、影響力可以更大，於是不斷地推著自己往前衝，終於有了今天博士學位在手、七年海外工作經驗、兩岸三地知名作家和演講家，以及中英日韓多國語記者會主持人的地位。這些，都是因為「家庭經濟的不優渥」所帶給我的。

不曉得大家有沒有看過《志氣》這部電影？這部電影是由真實故事改編，描述景美女中拔河隊在郭昇教練的帶領下，寫出令國人驕傲的一章。這支主要由來自偏鄉、貧窮、單親、被父母遺棄孩子們所組成的隊伍，從二〇〇三年起征戰各大賽事，除了在國內賽連續稱王，近三年更在世界盃、歐洲盃、亞洲盃連續拿下十五座冠軍獎盃，二〇一三年又再度代表台灣，出賽世界運動會。現實生活中每一位拔河隊的成員，都有著比我們辛苦的背景，只有拔河、只有贏，才是他們證明自己、創造未來的契機，於是他們緊緊抓住一次又一次的機會，創造了一個又一個的奇蹟。

而他們的故事改編成電影，激勵了更多的人，絕不能因為自己的出身不好而放棄。由此可見，出身不好但是創出一番天地，往往更值得驕傲，也能啟發更多需要被鼓勵的人。

但也許有人會說，他來自單親家庭、甚至被父母遺棄、或者是父母親對他家暴的成長環境，本身又沒有體育方面的一技之長，還能這麼樂觀進取嗎？

你可以的，而且你一定要這麼做！

一定要這麼做的原因，是因為除了你自己，這世上其實沒有任何人有這個義務對你的人生負責。其他人或許有父母的照顧保護，但總有一天父母也會離他們而去，他們還是要獨自面對許多問題，你只是早一點獨自面對這些問題而已。而且相信我，你永遠不是一個人！台灣這個社會，它的福利制度雖然不是那麼讓人滿意，可是其實有許多公家機關、企業團體和基金會，都提供了為數不少的獎助學金，以及打工就業的機會，幫助你在就學期間，能夠安心地完成學業。

我的一個學生，就是因為認真學習、積極尋找援助，於是申請到了長榮集團提供的獎學金，使他沒有後顧之憂，畢業之後又能直接進入集團的海運公司工作，等於為未來的成功人生，找到了良好的保障。

而如果你不幸遭遇父母的家暴，學校和各級縣市政府也有通報系統，你要立刻進行求助，讓自己被適當的保護，甚至讓對你暴力相向的生父母被關起來，千萬不要心軟，因為打從他們任意對你施予不當暴力的那一刻起，就已經失去了為人父母的資格了。為了避免他們鑄下大錯，盡早讓他們失去犯罪的能力，或者接受心理方面的治療，反而對他們是一種幫助。

台灣的社會其實充滿了資源也充滿了愛，只要你夠努力，自然就有許多冥冥之中的力量，用有形無形的方式幫助你。而且，一旦你做出成績，有了自己的一片天時，周圍朋友和陌生人對你的尊敬和佩服，更勝於其他正常家庭出來的孩子。沒有父母，或者父母不及格，就算了吧！不能逆轉的事情，強求也是無益，但你可以堅定地支持自己，砥礪自己成為一個更好的人，並成為更好的父母，也讓未來的孩子以你為榮。

我們不能選擇我們的出生
但我們仍可以靠著努力
來改變自己
贏得眾人的眼光
迎向成功
兒子...你......
啊...爸！不...
不是你想的那樣...

對父母永遠心存感激

五月份有個很重要的節日，就是母親節。我認為對於母親的感恩，應該是時時刻刻，而非只在那一天表現而已，因此這裡特別想和大家分享幾個關於我母親和我的故事，以及它們帶給我的影響。也希望看完這篇文章的你，能想想母親曾經帶給你的許多許多好的觀念及回憶。與父母的關係打好了，你的人生才更容易平順無波，增添歡樂。畢竟我們與父母的關係，不是任何其他人可以取代的，先處理好與家人的關係，這才是其他所有關係的根本。

我的父親是軍人退伍，又有著傳統中國人「萬般皆下品，唯有讀書高」的老舊觀念，所以我從小的教育，融合了斯巴達式的軍事管理，以及學校成績高於一切的教條上綱。我和哥哥每天早上五點起床，被父親逼著去爬山，到了六點半回家吃早飯簡單梳洗後才上學。別人週末放假可以休息睡懶覺，我們則是四點半起床，去爬更遠的高

山，直到中午十二點才回家吃飯。

在成績上，父親更是緊迫盯人，但我偏偏又屬於大器晚成型的孩子，小時候書一直讀得不好。最讓我難過痛苦的，是每次想和父親分享與一些我在學校除了成績以外的表現，例如體育和講笑話等才能時，他總會用一句「那你的功課呢？」、「你的考試成績呢？」來回應，讓我垂頭喪氣、萬念俱灰。又因為哥哥從小成績就很好，我在他和父親面前，總是覺得抬不起頭來。

印象最深刻的一次，是我們全家出遊，本來在某個景點玩得很歡樂，大家準備照相的時候，我大概提到某件自己在學校做的很得意的一件事，這時父親又拿我段考考不好的事情，冷嘲熱諷一番。

我　時情不自禁，悲從中來，大聲吶喊：「好啦，我知道了啦！反正在我們家，功課不好的人，就沒有人權！」我邊喊邊哭，熱淚盈眶，內心有著無盡的委屈，但又能怎麼樣呢？我就是考不過班上那些很會背書、很會考試的同學啊！

那時多虧了有媽媽在那時給我的安慰和溫暖，我才不會覺得自

己是個徹底的失敗者，而興起放棄的念頭。我想這是因為她自己小時候也不太會唸書，所以對於「成績不好」這件事情，多了一份同理心。她總是告訴我，只要盡力，結果就交給上天吧～這樣豁達的態度，讓我在日後遇到其他困難挫折時，總能微笑面對，輕鬆釋懷。本來嘛！怎麼可能世上所有事情都盡如己意，許多結果無法控制，但我們能做的，就是在過程中盡力而為，這種樂天豁達的態度，是母親送給我最好的資產。比起其他人，我顯得更不容易為無法逆轉的事情在那裡怨聲載道，而是接受失敗的事實，但想著怎樣能在這個失敗的事實上，尋找其他的可行性，讓失敗不是失敗，而是轉機。

在我小學五、六年級的時候，家裡發生了一件大事。軍人退伍後的父親後來從事新聞業，成為一位十分優秀的記者，但由於在職場上平步青雲，因此自恃甚高，以為自己也是當老闆的料，於是他和朋友合開公司，但又識人不明，不善管理，後來被好朋友陷害，導致失敗收場，還背負了不少債務。父親為了那不值錢的自尊心，不願意再去別人的公司領固定薪水，剩下的債務，都是由我擔任高中老師的母親，靠著穩定的薪水來償還。幾十年下來，她不僅還完了房子的貸款，還有不少的積蓄。我最感恩的，是母親沒有在父親事業失敗的時候離開我們，而是默默地持續付出，盡量不讓我們感受到家裡遭遇的巨變，更沒有讓我們餓肚子或者流落街頭。

母親在遭遇人生挫折時的堅毅態度還有負責任的精神，是她帶給我最好的影響，以至於我日後遭遇任何困難時，從不逃避，而是想盡不同方法來面對，相信只要持續努力，終會否極泰來！

還記得我大一考上政大哲學系後，一直想轉系轉學，無奈卻接二連三地失敗，校內內轉被打槍，轉學考再考政大政治系差了幾分，之後去考臺大政治系還是名落孫山。儘管我一再失敗，一再遭受打擊，母親永遠是那個安慰我、鼓勵我的人。那年快過年的時候，母親因為是高中老師，得到了政府補助的三千元百貨禮券，她看我心情不太好，主動找我一起去逛街，我在百貨公司看上了一件皮爾卡登的帥氣外套，要價在打完折扣後是四千元。

在那之前，我從沒買過一千元以上的衣服，母親自己也很少有

有魚耶!~
危險!!
據老媽所說，我小時候是個超級過動兒，跑出去玩沒受傷是不會回來的，看到洞就鑽，看到樹就爬，看到水池就直接跳水 ... 經常目睹我的生死一瞬間！
小時後學馬蓋仙，在最緊急的時候翻滾脫逃!!但是卡在鐵捲門下...
救命啊~ 媽~
啊啊啊啊
狂按電動門遙控器...
啊啊啊啊
救...
救...救...
好動外，也非常有實驗精神，有一次我非常好奇...上吊為什麼會死=_="
最難的是 ... 要控制把我的血打到剩紅血！
但不能KO!
以後不可以喔~
HP 5 / 3000
當然我也絕對相信~打在兒身，痛在娘心。

昂貴的名牌服飾，但她看我很喜歡那件外套，試了又試，卻又嫌貴不敢買下手，立刻告訴我，她再貼一千，加上手上的禮券，不就能把那件大衣送我了嗎？就當作是我過去這一年來辛苦準備考試的禮物吧！

我當時除了「謝謝」之外，沒多說什麼，但母親對我的愛和支持，我一直都沒有忘記。到了今天，即使我賺的錢早已不知道能買上多少件四千元的大衣，我依然忘不了母親當時送我的那一件大衣，以及背後給我的溫暖和支持。儘管我一直想回送母親禮物，但她總是要我別亂花錢，能省則省。把最好的留給孩子，自己過著食取果腹，衣取避寒的日子。我想，這就是所謂的天下父母心吧。

寫了這麼多我母親的事，大家是不是以為我刻意忽略我的父親，甚至有點恨他呢？其實也不會。以前我的確很討厭他，因為只要有他在的時候，我就極度不開心，誰教我功課不好，而他又一直喜歡拿功課不好的話題來刺激我！我父親在教育上有許多不合理、蠻幹以及錯誤的地方，但往往也就是因為他的蠻幹和不講理，所以我們家裡沒錢出國，他硬逼著我們考取公費留學；小時候每天爬山所打下的健康基礎，讓我現在比許多同年齡的人看起來要年輕、身體狀況良好，當兵的時候不會被欺負，因為我的體能比所有同梯的人都強；最重要的是那攀山越嶺過程中培養出來不怕苦和不服輸的精神，總是支撐著我度過人生一次又一次的難關；以及從小逼我寫文章的「惡習」，造就了我現在可以一天書寫五千字、半個月完成一本書都覺得輕而易舉、游刃有餘的寫作能力。

從結果論來看，或許他會很得意地說他的教育方式是對的，但我深自反省檢討，卻知道我們都只是「運氣好」而已。要是我後來成績沒有好轉，之後沒有上成功高中、政治大學、考取預官和公費留學，最後拿到博士學位，那麼一定會非常痛恨和他身處在同一個場合的時間。因為他一定會不斷拿我哥哥和我比較，在那裡咳聲嘆氣，數落我的不爭氣，說不定我會被逼得走投無路，精神分裂也說不定。於是，該感謝他的部分我十分感謝，但他在教育方面錯誤的行為，我也會牢記在心，用來警惕自己未來在教育孩子時不要犯下一樣的錯誤。

各位正在看書的朋友也是一樣，你們的父母一定有讓你們不滿

意、甚至是討厭的地方，但也一定有讓你尊敬、佩服和喜愛的地方。隨著年齡的增長，我們要多看到他們好的地方，原諒他們不好的地方，用他們喜歡的方式來與他們相處，別再和比我們大上好幾輪的父母就觀念和行動爭個面紅耳赤，試著去理解他們和調整自己，這是我們年輕人的度量和智慧。

於是，不管現在的你和父母親的關係怎麼樣，都請記得回想一下他們對你的付出，如果父母在你的身邊，給他們一個擁抱；如果不在身邊，記得撥通電話給他們，感謝他們常年來對你滿滿的愛和辛勞，他們一定會非常開心的！與父母的良好關係，是一個人在事業、學業上打拚的基礎，也是在外頭經歷風風雨雨後，最讓人備感溫馨的安慰。

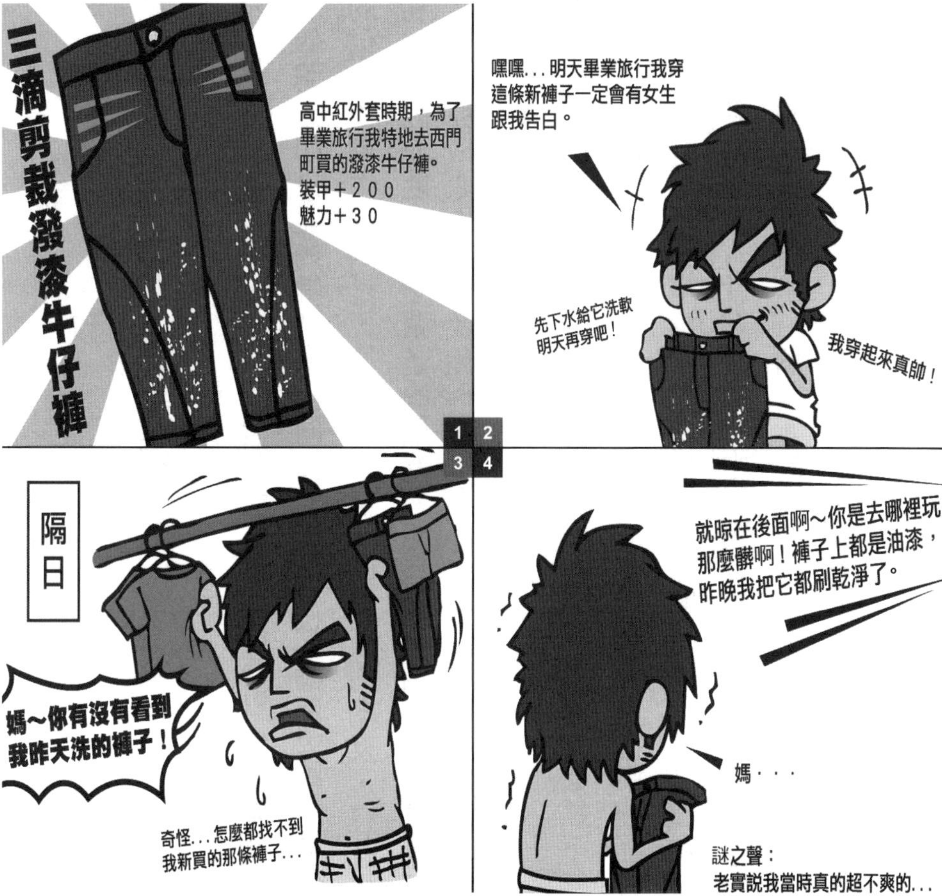
三滴剪裁潑漆牛仔褲
高中紅外套時期，為了畢業旅行我特地去西門町買的潑漆牛仔褲。
裝甲＋２００
魅力＋３０
嘿嘿...明天畢業旅行我穿這條新褲子一定會有女生跟我告白。
先下水給它洗軟明天再穿吧！
我穿起來真帥！
隔日
媽~你有沒有看到我昨天洗的褲子！
奇怪...怎麼都找不到我新買的那條褲子...
就晾在後面啊~你是去哪裡玩那麼髒啊！褲子上都是油漆，昨晚我把它都刷乾淨了。
媽...
謎之聲：
老實說我當時真的超不爽的...

進入新環境迅速贏得好人緣的方法

對於高中生來說，擁有好人緣這件事情格外重要，因為處於青春期的個體，如果能夠得到來自同儕的支持、鼓勵與安慰，最能產生莫大的信心；更重要的是，高中、大學時期結交的朋友，往往是最不牽扯利益，因而能成為一輩子的朋友。如何在這個時期一進入新的班級、新的社團，便建立好形象，贏得好人緣，是許多人費盡心力想要達到的目標。

在我結合個人經驗與多年研究的結果後，發現遵循以下三個步驟，並配合正確的心態，一定能為自己贏得同儕團體中的好人緣。

第一，擒賊先擒王：進入一個新團體的時候，務必透過敏銳的觀察力，找到那個原本就在該團體中受大家愛戴的人，想辦法投其所好，建立好關係。如果是一個全新的團體，大家起點都差不多，就與外型較佳的、功課較好的，最幽默風趣或者體育最好的幾個同學多往來。往來的方式也很簡單，透過主動釋出善意、刻意增加互動的方法，拉近彼此的距離。

例如，偶爾早上進教室的時候，不管你買的是蛋餅、麵線還是珍珠奶茶，可以多買一份，請坐在你隔壁桌的那位同學一起吃。因為坐的位子比較近，若是分到同一組討論，也可以注意一下小組中的成員，有沒有功課比較不好需要協助的，主動幫對方解答。當你主動釋出善意，周遭的人一定能感受得到，也會樂於跟你往來。總之，一定要記得，友誼這種東西，應該要主動釋出善意，不要妄想別人有那個義務主動對你示好。先付出，之後一定會有收穫的。

第二，如果不想加入任何的小團體，那麼就讓自己成為中心，組成一個團體，並且讓它聲勢浩大。看到我這樣寫，許多師長和父母大概要昏倒了，心想他們一天到晚就在呼籲，希望孩子的班級不要有小團體，怎麼鄭匡宇卻在書中要自己的孩子自組小團體呢？

讓我們面對現實吧！在任何一個大群體中，由於每個人的成長背景、自身條件、價值觀和興趣愛好，很自然地就是會和與自己差不多的人聊得來、也走得比較近，幾個關係好的朋友時常聚在一起，只要不會去攻擊打壓其他的同學，其實是非常正常的事。而形成小團體有一個好處，那就是能讓想欺負你的人，望之卻步，形成一種和平的均衡。

想形成一個屬於自己的團體並不困難，只要你在自己喜歡、有熱情的領域去做出一點成績來，很自然就會有人想接近你、向你請教，你再不吝給予對方意見和協助，那麼一個拉一個，很快這個屬於你的親友團就能建立起來。

以我自己為例，因為我從國中以來就開始搭訕，交往的女朋友都是該校有名的正妹，班上成績又維持在前五名左右，於是自然有許多班上甚至是隔壁班的同學，向我討教愛情學業兩得意的方法。我總是很熱情地邀約對方一起讀書、一起和女校同學聯誼，一起唱歌出遊，於是很快就有一群圍繞在我身邊的朋友。也正因為如此，那些可能覺得我太「猖狂」而不爽我的同學，也不敢輕舉妄動，因為爆發衝突的話，他們不僅得不到好處，還有可能傷痕累累。

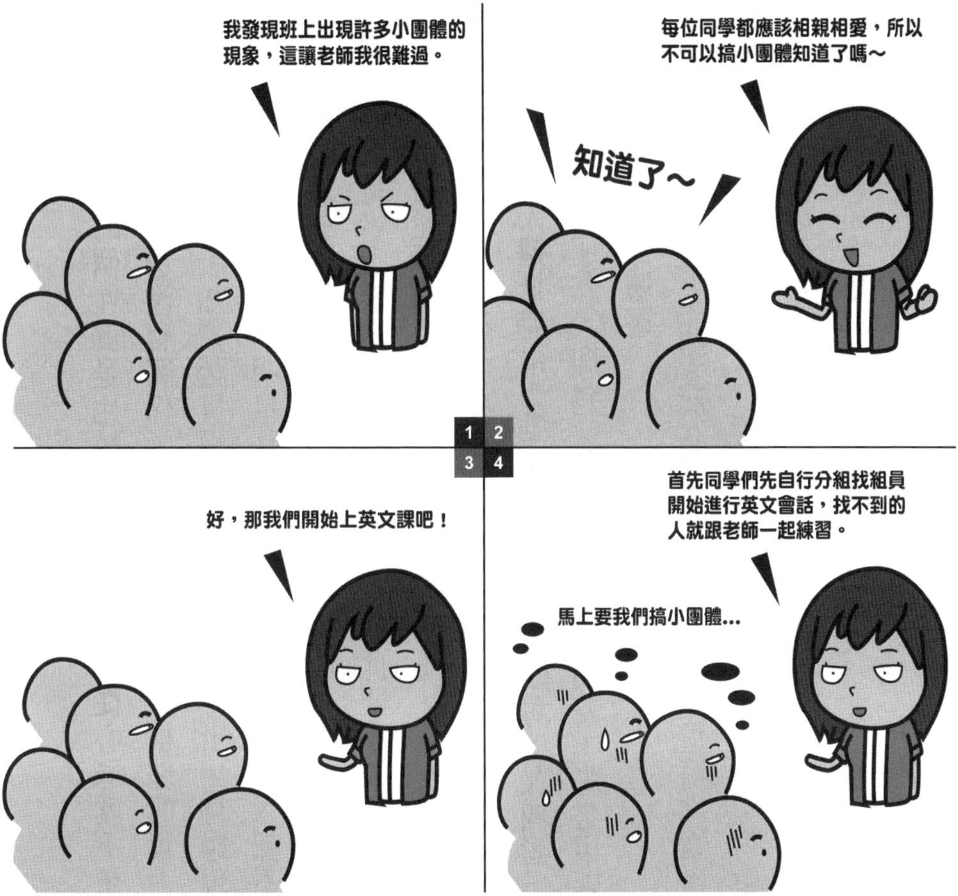
我發現班上出現許多小團體的現象，這讓老師我很難過。
每位同學都應該相親相愛，所以不可以搞小團體知道了嗎～
知道了～
好，那我們開始上英文課吧！
首先同學們先自行分組找組員開始進行英文會話，找不到的人就跟老師一起練習。
馬上要我們搞小團體...

第三，如果你的個性就是比較孤僻，其實打從心底就不想和其他人多交流的話，那也沒有關係，就瘋狂似的去累積你的實力、追尋你的夢想吧！據我所知，諾貝爾獎得主李遠哲博士、待過現代舞天團瑪莎葛蘭姆舞團的舞蹈明星許芳宜，在學生時代人緣都不是太好；一位是醉心於研究，實在沒時間和他人交流，一位是總得打敗一群自視甚高的舞者以爭得主角的位子，在如此競爭的環境中，又怎麼可能贏得左右逢源的好人緣呢？But who cares ?!

他們不斷用自己巨大的成就，克服了「人緣」這件事，以堅強的實力，使得一堆人還是非得主動和他們交朋友不可。又或者，他們雖然沒有自己領域的朋友，卻有一群其他領域的朋友，失之東隅，收之桑榆，未嘗不是一件壞事。

過去的你或許以為交朋友憑的是緣分，但看完這篇文章後，你會知道締結好人緣，其實是有一套科學方法的，只要照做，一定能夠享受朋友的支持，過著圓滿開心的生活。成為朋友以後，能夠長久維繫的方法，其實就是多聯絡，並且帶著你的朋友一起成長。

例如我自己因為喜歡看展覽、聽演講，總是會把這些訊息告訴我的朋友們，如果他們剛好時間也允許，就會一起參加那些活動。在活動上，我們不僅因為能夠獲得新知，激發靈感，改善自身的想法與生活，又能增進彼此的話題，多些互動，友誼當然能夠持續並深化，這就是一個把自己和朋友都帶入「好循環」的交友妙招。

但我還是要提醒大家，朋友，是很容易來來去去的。很多時候因為時空的變遷，或者一些彼此都無法控制的因素，例如出國、到外地工作、價值觀發生變化和差異，你們的情誼將無法回到過去。這個時候，不要為了逝去的友誼而過度感傷，珍惜身邊的朋友，讓想走的人「好走」並給予祝福，或許是對自己也對對方最好的一種心態吧。

同學~可以跟妳做個朋友嗎？
這...
科科
奸笑
同協~可以做個朋友嗎？
嘿嘿
嘿嘿
謝謝，我有朋友了
淫笑
期盼已久的搭訕居然是個怪怪的人...
同學~可以跟妳做個朋友嗎？
呵呵呵
呵呵呵
呵呵
傻笑
事實證明，想要好人緣光只有帥並沒有用！
這頂多只能證明你不帥！

成為同儕中的焦點，更要懂得營造好人緣

我不斷在書中強調瞭解自身強項、全力向上提升、以及創造個人魅力與舞台的重要。通常照著這幾個方向去付出努力，達成目標的人，一定是班級和學校裡頭的風雲人物，要吸引校內以及校外的異性，絕非難事。但當你有傑出表現，處處受人矚目的時候，有另一個問題也會隨之而來，那就是：來自同學們的嫉妒。

嫉妒是人的天性，在心智尚未成熟的青春期更是難以控制。高中時代，有一些彼此興趣相投，話題相近的朋友，原本只是因為常接觸、座位就在附近而開始熟稔，之後漸漸形成所謂的小團體，其實也無可厚非。但壞就壞在某些不成熟、腦子又沒想清楚的年輕人，會開始刻意強化不同小團體之間的差異和歧見，導致不同的小團體之間形成難以破除的壁壘，彼此不相往來，甚至是相互攻擊。

一開始的時候，也許只是該團體中的某個人，看另外一個團體

中的某個人不順眼，覺得他（她）說話的樣子、做事的態度讓自己看起來不舒服，又或者是事事都求表現，好像什麼好的事情都歸他（她）一樣，為了惡作劇，以及想試試自己的影響力，便鼓動自己小團體裡的其他成員，一起漠視他（她）、疏遠他（她），進而在他上課被老師叫起來發言，或者上台領獎時噓他。這樣便會逐漸形成所謂的精神上的暴力與霸凌，被欺負的同學若也有一群「換帖」的好友，則會開始替他打抱不平，一個不小心就形成大家都不想看到的衝突；再不然也會造成該同學長期遭受言語和態度上的欺侮，引發抗拒上學的心理，嚴重一點的還可能導致自殘自殺的可怕悲劇。

為了避免這種情形發生，想要借由傑出表現來突顯自我、培養魅力的同學，必須懂得適當的謙虛，以及把榮耀分給其他同學。

例如，當你是班上段考第一名或前三名的同學時，最好自告奮勇地擔任某個科目的小老師，主動提供成績不佳同學們諮詢的協助，或者邀約他們下課後一起讀書，幫他們把落後的進度趕上。

當你是一個懂得熱心助人，又時時與人為善的人時，沒有人會

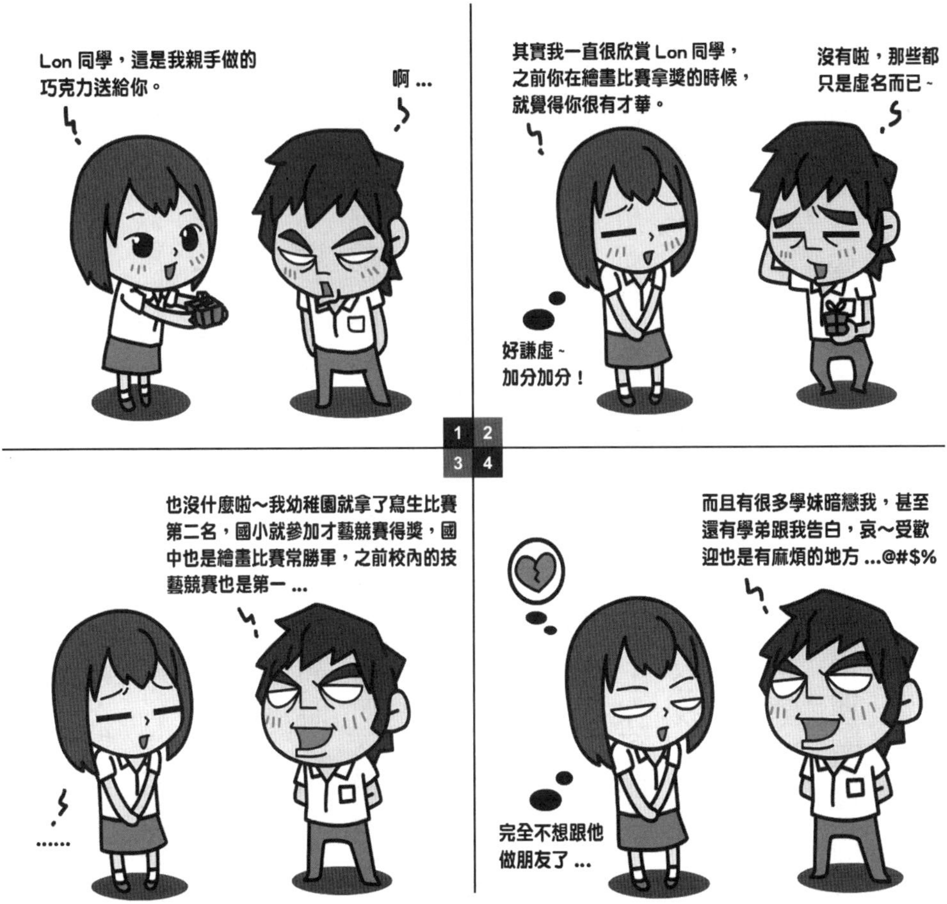
Lon 同學，這是我親手做的巧克力送給你。
啊 ...
其實我一直很欣賞 Lon 同學，之前你在繪畫比賽拿獎的時候，就覺得你很有才華。
沒有啦，那些都只是虛名而已 ~
好謙虛 ~ 加分加分！
1 2 3 4
也沒什麼啦～我幼稚園就拿了寫生比賽第二名，國小就參加才藝競賽得獎，國中也是繪畫比賽常勝軍，之前校內的技藝競賽也是第一 ...
......
而且有很多學妹暗戀我，甚至還有學弟跟我告白，哀～受歡迎也是有麻煩的地方 ...@#$%
完全不想跟他做朋友了 ...

忍心想要欺負你和排擠你，又或者即便想那麼做，也會顧忌攻擊你後，圍繞著你、受你幫助的團體成員所做出的反擊，這將幫助你營造出一種牽制負面攻擊的力量。

而如果你的強項是體育的話，也記得在打籃球等等團體運動時，即使明明自己一個人就能帶球上籃，也要在適當的時機，製造幾個傳球給隊友，讓他們都能衝鋒陷陣，英勇奪分，使他們獲得心理上的成就感，以及和你是同一陣線的親密感。這些行為都能使你即使有傑出表現，也不至於容易招忌，對愉快高中生活的建立，有著莫大的幫助。

有被排擠攻擊的人，就代表有那個發起攻擊的始作俑者，以及在一旁起鬨的人群。如果你是那個容易看別人不順眼，或者見不得別人好的人，仔細想想，會這樣或許也不是你的錯，你可能來自一個缺乏愛和鼓勵的家庭，於是當然傾向於把自身的憤怒找一個替代品來發洩，又或者自身沒有什麼特殊的表現，看到他人的光環，只會喚起自身的自卑。

但是，與其把這些憤怒、不滿和嫉妒，利用煽動群眾的方式發洩在另一個人身上，還不如把那種「我看他不順眼」的情緒，改成「我要比他更優秀」的決心。功課沒他好沒關係，我在歌唱方面嶄露頭角；運動比他差也無所謂，我繪畫方面的成就他望塵莫及……

用這種正面積極的態度來面對自己，在其他領域與自己嫉妒的同學頭角崢嶸，並抱著「己所不欲，勿施於人」的態度來對待他人，克制自己想要批評與攻擊別人的壞念頭，不知不覺中，你自身的其他能力也同時獲得提升，自己的人緣也會越來越好。

而不管你來自優越的家庭抑或是有點中低階層的家庭，永遠不要仗勢欺人，去欺負一些比你弱小的同學，藉機營造自身的優越感或撫平內心的自卑。前陣子新聞報導，有位國中生的家長，因為自己的孩子在學校被同學欺負，跟學校反應了幾次又不見學校積極地介入處理，於是決定「發狠」，直接在知名大報上花錢刊廣告，控訴那位霸凌同學的惡行以及學校的怕事行徑，結果造成社會極大的關注和討論。

大家一方面覺得霸凌的那位同學可惡，但又覺得被害學生家長直接這樣在媒體上指名道姓，會不會對該加害學生造成「更強的霸凌」。

我的看法是，對於霸凌者一定要第一時間採取反制，不管是被害學生在肢體上的立刻反抗，還是老師知道後即時對施暴學生加以懲處，都能夠避免該事件的擴大。同時身為旁觀者的其他學生，也應該有「保護弱者，抵制加害者」的共識，對加害學生報以嚴厲的譴責，唯有如此，才能讓加害者不敢再犯，杜絕霸凌。

大家都是好同學，多年後再回來看自己年輕時的那些勾心鬥角、你爭我奪和羨慕嫉妒，都只會啞然一笑罷了。想讓自己有一段美好的高中生活，就要先試著讓周遭的人先過著和諧快樂的生活。

然後，當你們日後看到類似《奇蹟的夏天》或《那些年，我們一起追的女孩》那些青春校園電影時，臉上流下的，才會是歡樂、溫馨又感動的淚水，以及滿腦子激動又不捨的回憶。

哼！那個娃娃長的也不怎麼
樣，憑什麼這麼多人喜歡她？
我一定要找姊妹們排擠她！
說！你們男生到底是覺得
她哪一點比我好？
1
2
3
4
……
……
指
胸部小又不是我願意的 !!
我最討厭人身攻擊的人了 !!
我 ... 我是指內在 ...
我才是被攻擊的人吧 ...

終結網路和現實生活中的霸凌

有次在從韓國回到臺灣的國泰航空飛機上，碰巧看了一個短片，是由英國一位廣播和電視主持人，針對網路霸凌的問題，做了非常深入的研究與討論。

那位主持人做的最特別的一件事，是在影片中藉由「誘導」的方式，引出幾位在網路上變造身分大肆攻擊他人的人士，然後直接去他們最常出沒的咖啡廳「堵」他們，質問他們為什麼那麼做的原因，並用攝影機錄下當時的情形。

看著那些在網路上張牙舞爪、出言不遜的攻擊者，在現實生活中卻看起來如此地害羞膽怯，真是讓人不禁啞然失笑。那些喜歡躲在電腦背後霸凌別人的人，往往都是極度缺乏自信和安全感的人，你要是和他們認真，就輸了。

這同時讓我想到，近來在校園生活中，霸凌事件時有所聞，尤其現在由於網路工具發達，不僅在現實生活中有霸凌情形的發生，網路上的虛擬環境中，霸凌的情形似乎更是雪上加霜。如何反霸凌、防霸凌，實在是每位學生乃至於老師都該正視的問題。

大家不要看匡宇我現在一副悠然自得、左右豐源，在學校受同學尊敬，在生活中受讀者們喜愛的樣子，其實我在高中的時候，也曾經被霸凌過。

那時因為一場誤會，班上有兩位同學開始號召其他人一起孤立我。其實那個誤會的起因也很可笑，就是我們班的陳同學，和隔壁班的李同學，在上學的途中，因為停車問題有一些言語上的衝突。到了學校後，李同學找了其他幾個同學施以拳腳，教訓了陳同學。而教訓完陳同學後，李同學一干人等還跑來找我聊天，結果被陳同學看到，他以為是我告訴那些人他的行蹤，才害他被堵到，挨了拳頭，於是對我心生怨恨。

另一位則是完全沒有任何緣由，就是看我不順眼的黃同學，也不知道是哪裡得罪他，開學的一個多月後，就開始態度怪異，那時剛好發生了陳同學被打事件，兩人便聯手起來孤立我。

他們兩人孤立我一陣子後，看我沒什麼難過的反應，又變本加厲地開始在我被老師點到回答問題、上台接受頒獎時大聲噓我。當時我的處理方式，不是直接和他們對罵、更沒有暴力相向，而是從其他團體和領域尋找認同與慰藉。同班同學不理我沒關係，我去和別班同學出遊不就得了？更何況還有那麼多學校的社團，要在社團裡面找到志同道合的朋友，真的不是一件難事。尤其升上高二以後，我原本的班級被打散，有別班的同學加入，新同學都覺得我人不錯，和我相處得很愉快，於是我的團體逐漸擴大，原本不喜歡我的人，也就不敢太過分地公然「欺負」我了。

如果時間能夠倒流，再讓我回到當初的場景，我想即使自己沒有犯什麼錯，但我還是會拉下臉，直接過去找那兩位不喜歡我的始作俑者，禮貌地問他們，「我是不是有什麼地方做得不夠好？或者我們之間是否有什麼誤會？」大家直接講開來，別讓猜忌和誤會壞了同學間的情誼。

現場訪問到了這位被霸凌的同學，
請問妳被霸凌感覺如何？
■■■■■■■
開心呢？
還是難過？
是第一次嗎？
害怕嗎？
會不會緊張？
1 2
3 4
那被霸凌的當下為什麼
不逃跑或求救呢？
不開心...很難過...第二次了...
但還是會緊張...
齁乖扁嗽喜妹安娜造！
(被關廁所是要怎麼走!!)
被霸凌的傷害與陰影，實在
非親身經歷的人所能感受。

通常用這種直接找到問題源頭的方式，並且去面對想欺負你的人，會造成兩個非常好的效果。第一個是他其實本來對你就沒有意見，一切只是你自己想太多罷了！再者，即使他真的對你很有意見，發現你這樣有guts（膽量）居然敢直接來找他，又那麼誠懇客氣，說不定他就會在心裡覺得不好意思、自己以前那樣的舉動太過分，以後也停止再對你的不當攻擊。

看到我上面說的，你也許覺得，「哦，原來遇到霸凌，匡宇要我們做的就是忍耐與無視，對吧？」不全對！我當時之所以選擇無視與隱忍，是因為那些討厭我的同學，只是在言語和態度上對我不友善，並沒有在肢體上對我做出什麼攻擊的行為。若是有人敢對我動手，我一定會還回去。

所以，面對霸凌最好的方法，是在第一時間報告老師和父母，讓老師以他們的專業，來輔導態度行為偏差的同學，終止他們的不當言行。但，如果老師因為怕事不加以處置，自己的父母又鞭長莫及無法隨時在你身邊保護你時，最好的方法就是：直接去醫院驗傷，然後

向警察機關報案，讓對方接受法律的制裁。

這時絕對不要留情，什麼對方父母出面下跪求情啦，他跟你道歉說對不起啦，一概不要接受。使用暴力的人，就要接受最嚴厲的制裁，才能起到殺雞儆猴的作用，這樣他以後不但不敢欺負你，其他原本在旁邊想看好戲的人，也會對你敬畏三分。而且使出控告這樣的霹靂手段還有一個好處，那就是一經控告，對方不但得付出代價，口頭上也一定會道歉。

若你心軟不這麼做，對方極有可能嘴巴上不誠懇地道歉，只為了躲過一劫，等風頭過後，又轉過頭來繼續欺負你。於是，被欺負的當下，可千萬別客氣，偷偷搜證，讓對方的罪行當作最好的呈堂證供。

如果你覺得報警處理太嚴重，那麼也有另外一個選擇，就是：誰用肢體暴力欺負你，你當下一定要反擊回去。對方身強體壯沒關係，只要敢打你，你就「演得」像一條瘋狗一樣，咬都要咬回去。他下次再來，你就再反擊回去，儘管這麼做或許只能造成他的一點小傷，但只要他每次想欺負你時，自己也會受傷，一兩次後就再也不想欺負你了。

惡霸最怕的，就是有人「不白白被他欺負」，還會讓他付出沉痛的代價。如果你選擇默不作聲，就只能陷入無限被欺負的循環，而且其他原本不相干的人，也會爭相將你當作出氣筒來欺負，你的處境只會更加堪慮。因此，言語的暴力可以視若無睹，把他們想成沒教養的瘋狗即可，但身體的領域卻絕不能容許他人的侵犯，這是最後的一碼，非守住不可。現在的錄影錄音方式如此發達，你甚至可以把言語霸凌你的人的話，偷偷錄音下來，作為呈堂證供。對於想要欺負弱小的人，絕不可姑息養奸，一定要加倍奉還！

網路上的霸凌也是一樣。有誰用侮辱毀謗的文字來攻擊你，就默默記錄蒐證，然後直接交給警察機關來處理。看著那些在網路上罵人齜牙咧嘴的傢伙，成為被告時在法庭上那膽小怯懦的樣子，絕對大快人心！

也許你會覺得，何必動不動就採取這種嚴厲的手段？但大家必須知道，我們或許能對網路上不認識人的攻擊一笑置之，但他們將食髓知味，以為自己做的事情，都不會受到懲罰與制裁，接著變本加厲，然後去傷害更多人。

可是，其他人不見得有我們這麼好的情緒控管，能夠不予理會，輕者暗生悶氣輾轉難眠，重者罹患憂鬱甚至輕生自殺，這都不是我們希望看到的。要防止這樣的悲劇發生，你我都有責任在第一時間就讓那些想傷害別人的人受到制裁，這不僅是防止更多人受到傷害，也是及早讓肇事者懸崖勒馬，避免未來犯下更大錯誤的最好方法！

我是高笑誌特派記者娃娃，
訪問沒被霸凌過的同學～
請問你會害怕被霸凌嗎？
不會！
笨蛋...你應該說會害怕啊！
那麼請告訴大家，既然你不害怕，
你是如何避免遭到霸凌的呢？
相信很多同學一定想
了解，並跟你學習。
鏡頭還給棚內主播!!
先霸凌其他同學！

不管你愛的是誰，都要記得尊重

為了讓這本書的內容更加豐富多元，可以給讀者們他們最需要的東西，我總是會把握和朋友閒聊的時間，問問他們在學生時代最關心的話題、遭遇過最大的困難是什麼？好把這些素材放入書中，與讀者們做到無代溝的溝通。

某次在聊天的過程中，我問了一起合作的漫畫家 Lon：「你覺得如果你是高中生讀者，還會想知道什麼樣問題的答案呢？」同樣思慮清楚，但也喜歡偶爾搞怪的 Lon 告訴我，他想聽聽我對同學之間「同性愛」的看法。相信這也是學校老師和父母都不願意提起，但同學們都很有興趣的話題。這裡我不打算「只」討論同性愛這件事，更想旁徵博引，舉一反三，和大家探討一下最根本的人文價值，那就是愛與尊重。

先來談談那種愛不到的情形吧！如果你本身喜歡同性的某同學，一定不要莽莽撞撞地告白，就像我時常教導對異性示愛的方式一樣，先藉由接觸和展現優勢，和她（他）搭起友誼的橋樑後，才能發現對方是否有跟你一樣的傾向。如果沒有，就當作是交了一個好朋友，你們一樣可以分享生活中的點點滴滴，成為彼此扶持的對象。和異性戀一樣，當不成愛人，至少能當一輩子的朋友，而且有時候這樣的友誼更加歷久彌新，彌足珍貴。

而如果你是那個被同性戀朋友追求的人，卻對對方不夠喜歡，或者不能接受同性戀的時候，也不必有太多的恐懼和鄙夷，只要開誠佈公地告訴對方，你沒有那樣的傾向，大家還是可以玩在一起，但在情感上相戀並不可能。只要你的態度明確，相信大部分的人都不會死纏爛打，而會尊重你的意願。不過，在現實生活中這種情形其實非常少見，因為同性戀的朋友們知道自己在這個社會裡頭被歧視的處境，因此會更加小心地試探對方是否跟自己是同一類人，於是比較不容易有表錯情、會錯意的情形發生。但無論如何，拒絕別人的感情時，一定要態度明確，措詞堅定，千萬不可搖擺不定，否則受傷的不僅是他人，更會波及到自己。

第三種情形，則是你們剛好情投意合，都有同性相愛的傾向，那麼恭喜你，兩情相悅的感情，總是最美好的。不過必須提醒的是，我曾一再強調，這個社會的主流價值觀還是不太願意接受同性戀的情形發生，因此如果你們高調地在一起，一定會遭遇來自父母和師長的強烈反彈，造成你們悲憤的心理，甚至興起想要抵死捍衛彼此戀情的衝動。

這時請記住我說的：「識時務者為俊傑」，既然你們都知道父母師長想要看到的是什麼樣子，就把他們想看到的「演」給他們看吧！在他們的面前，彼此就表現得好像只是很親密的一般同性好友一樣，一起讀書，一起玩樂，不要有讓他們起疑的行為發生，小心呵護彼此的感情，等大學畢業，有了自己的工作，甚至是搬出去住以後，再慢慢透過寫信、聊天的方式，讓父母知道你內心真正的想法。

而如果你自己都知道自己的父母食古不化，永遠不會接受這樣

的戀情時，就好好保守這個秘密，等他們離開這個世上，再公開地和你深愛的他（她）在一起吧。其實現在的父母大多開明得多，明明知道很多事情的答案，卻也不願意說破，就當是欺騙別人和欺騙自己，讓日子好過一點。所以，如果可以不戳破，就不要去引爆一些攪亂彼此生活的爆點，這樣的人生，會比較輕鬆愉快。

在這裡我特別想要和大家分享的，是那種：尊重與我們擁有不同性向、不同生活方式的人的生存權利！其實不只在台灣，在全世界各地，包括以自由主義聞名的美國，很多城鄉都市一樣對同性戀有著很深的歧視，許多學校霸凌事件的起因，也正是因為某幾位性向或行為打扮比較特殊的同學，引來其他同學的好奇，從好奇轉為輕視與不順眼，之後就演變成了羞辱與欺負。前陣子美國才又發生了一個同性戀的青少年，因為受不了同學在學校及網路上的嘲弄霸凌而自殺的案件。要讓這種悲劇不再發生，所有人都應該不斷思考兩件事：

第一，如果我是他（她），我會希望人家怎麼看我、怎麼對待我？

當一個人沒有相同的處境相同的經歷，要他去感同身受、具備

唉～我對女孩子沒有感覺，但
這種心事我該跟誰傾吐呢？
不知道媽媽能不
能接受 ...
少年涼弟的憂鬱
兒子什麼事啊？是需要
零用錢出去約會嗎？
有機會就帶女孩子回來
給媽媽看看啊。
殘念
還是找朋友
聊聊吧 ...
阿豪你來啦～
HI~ 涼弟跟你說一件很好笑的事
今天我國中的弟弟說他好像喜歡
上男孩子，被我揍了一頓後說他
會改邪歸正，哈哈哈哈哈!!
心死
......
革命尚未成功，同志仍需努力 ...
同性戀的朋友們，加油！TAT

同理心，真的是一件極端困難的事情。不過這個部分，可以藉由廣泛地涉獵，以及大量地觀看優質電視電影節目，再藉由想像的力量、角色代入等方法，進行自我訓練。

例如，當你看到一則關於九二一大地震死裡逃生的新聞時，不要只是關注死了多少人、倒了多少房屋，而是利用想像法和角色代入法，去感同身受那些受難者的家屬，他們會有多麼椎心刺骨的疼痛！如果你是消防單位的搶救人員，在現場怎樣的處置才最恰當、最能安撫現場哀鴻遍野的傷患！身為被壓倒在傾斜的建築物底下尋求一線生機的受難者，應該保持著怎樣的心情和意志力撐下去，直到救援到來的那一刻……

平時在閱讀的時候，不要貪多求快，而是把這些活生生的人事物和故事，都放進自己的腦中，讓自己也去經歷一下、感受一下，那麼當類似的事情發生在你自己身上時，便知道該怎麼處理；發生在親近的人身上時，也能發揮最大的同理心；而當想要主動攻擊他人時，更會知所警惕，克制自己的行為，因為你知道這會對他人心理造成多麼大的傷害。尤其只要你一想，如果你自己的性向是同性戀傾向，難道希望別人像攻擊罪犯一樣地攻擊你嗎？當然不會！時時用這種方法提醒自己，就能避免對同性戀者不當的指責與攻擊。

第二，我是不是能試著欣賞這個人的優點，尊重對方的性向選擇，就算我實在極端不認同，也不主動攻擊，只要視而不見就好？

只看見別人的優點，忽略對方的缺點更是我們待人處事的時候，最重要的一個優良德行。人一定都是優點缺點並存，你可以不認同對方的性取向，但卻不能忽略對方在美學、設計、音樂、體育、學業成績方面的長處。何不把注意力都集中在這些項目上，刻意不去尋找對方的缺點，例如小氣、潔癖、沒男子氣概、廢話多……人的眼睛，其實就是一台功能強大的照相機，你focus（專注）在哪裡，拍出來的相片（看到的特質）就會是什麼。當你只專注看見對方的優點時，就會發現對方瞬間變成了魅力無窮的帥哥美女，你也忍不住想要親近一番，若能抱持這樣的「眼光」和心態，你與誰都能交朋友，走在世界各地都沒有敵人。

而如果上面說的你實在做不到，那至少來個眼不見為淨，避免和對方出現在教室以外的其他場合，那麼你自然就不會想對對方做出無謂的攻擊。其實根據心理學研究，往往你最討厭、最受不了的那些人事物，之所以讓你痛恨無比，是因為「自己本身也有那些特質」，但是你害怕接受、拒絕承認，擔心自己會遭受打擊或失去自尊，於是用攻擊代替了理解，用傷害來取代自卑。

知名美國歌手瑞奇．馬丁最近就公開承認，他自己正是個同性戀者，但年輕時候由於社會反對同性戀的集體意識過於強大，為了掩飾這一點，他反而對同性戀者進行過攻擊與鄙視，現在深感後悔與抱歉。我認為，一個真正有自信的人，絕對不會去攻擊其他人，藉以突顯自己的存在感與正當性。我不企求各位在這個年紀就能立馬做到尊重別人的選擇，但至少能做到不主動攻擊，這樣就已經很不容易了。

我自己在高中的求學過程中，也曾經一度因為一場誤會，而導致班上某些同學聯合起來噓我、孤立我。很可惜當時的那些同學，並沒有看過這樣的文章，師長們也沒有適時的引導，所以我便在忍耐中度過了高中生活。如果每位同學在看到和自己不一樣的人，有些跟自己不一樣的想法和舉止時，都能夠適時用上面提到的那兩點來深入思考、反省自己，那麼所有存在於學校的霸凌事件，應該都能銷聲匿跡了。讓我們一起用行動，實現一個充滿尊重與愛的學習環境，再把它拓展至社會的每一個角落。

不否認的，Lon 曾經罹患「同性戀被害妄想症」...
這家紅茶的甜度「剛剛好」，超好喝！
他們一定是同性戀 ...
是野「菊花」耶，但比起來
我比較喜歡「向日葵」。
靠 ... 他一定是同性戀 ...
唉呀 ... 昨晚麻辣火鍋真帶勁，
上大號「屁股辣辣的」...
那傢伙一定也是同性戀 ...
啊啊啊啊啊啊
他們都病啦 !!!
那邊有個神經病在鬼叫！
他才有病吧！
不懂得尊重他人的人，
才是真正病態的人。

幽默，讓自己和周遭的人都笑口常開

我平時常在公司行號及大專院校演講，主題從兩性關係、自我激勵、情緒管理、如何成為國際工作人……等等不一而足。每次演講結束後席間總有讀者問，我的幽默風趣和臨場反應無懈可擊，總是能夠使得全場笑聲不斷，又寓教於樂，到底這種能力是怎麼訓練出來的？

我認為，想要讓自己幽默一點，除了找幾個模範典型，例如知名主持人和藝人，學習他們說話的方式、邏輯、大量閱讀，並且時常在跟朋友的對話中置入練習外，更重要的是具備兩個心態：

❶這樣也很好。

❷沒什麼大不了的。

不知為何，我們的教育總是告訴我們，「意外」是一件很不好、一定要極力避免的事情，於是我們很容易在發生意想不到的事情時，情緒受挫、驚慌失措，但那其實都是沒必要的。意想不到的事情發生了以後，告訴自己，「這樣也很好啊！」然後以這個心態為基礎，去找到發生的這個事情後續的許多好事。例如我去演講的時候，精心準備的笑點沒人笑，或者聽眾直接在底下玩手機，「這樣也很好啊！」剛好讓我知道這種呈現笑點的方式有待加強，並且強化了自己面對「被忽視」時的氣度。如此一來，紅的時候就不容易迷失自我，不紅的時候也不會沮喪失落，挺好的。

「任何事都沒什麼大不了的」，除了能幫助你更加幽默以外，可以說就是讓你終身遠離憂鬱症的利器。喜歡的女生不理我，沒什麼大不了的嘛，再找別人就好；這次的考試失敗、業務沒談成，沒什麼大不了的嘛！只要還有下一分鐘，還有明天，我就會精進自己，向上提升，成功的彼岸就在不遠處……許多到目前為止，曾經讓你痛苦、沮喪、難過的事情，現在回頭看，是不是也常讓你覺得「其實沒什麼

娃娃妳喜歡什麼樣的男生?
我嗎?
我喜歡濃眉大眼的類型,
但最重要的是男生一定
要有幽默感。
羞~
我剛好認識一位這樣的朋友,
明天就介紹給你認識吧!
討厭啦~真的假的!?
隔天
這位就是我說的很幽默
又濃眉大眼的朋友。
我覺得你也很幽默...

大不了的」？既然如此，何不讓自己「現在」就覺得很多事情「沒什麼大不了的」？

還有個秘密和大家分享。我在大學二年級的暑假，曾經差點送了命。那時父母去歐洲旅遊，哥哥在馬祖當兵，有天晚上我獨自在家，半夜突然腹痛如絞，我心想可能只是一般的腸胃炎，忍一忍也就過去了，但後來發現完全不是那麼一回事，我痛得冷汗猛流，腰都直不起來。實在受不了之下，我抱著肚子，自己搭乘計程車前往附近的榮民總醫院急診室就醫。值班的醫生用力按著我肚子的不同部位，試圖想要找出腹痛的原因，但可能是因為他比較「菜」，又或者是我實在痛到無以復加，摸哪裡我都覺得一樣痛，醫生無法判定，又不敢隨便動刀，於是只好開了幾錠止痛藥給我，讓我回家休息，再觀察變化。

這一回家休息可不得了！當我早上再忍著劇痛到醫院掛門診就醫時，已經是盲腸炎併發腹膜炎。大家知道腹膜炎是什麼嗎？簡單講，盲腸炎就是闌尾炎，開一個小小的刀，把發炎盲腸取出來就沒事了，只會留下一道小小的疤痕；腹膜炎則是發炎的盲腸破掉，感染了其他臟器，於是必須開一個很大的刀，把闌尾取出，並且把大腸小腸等臟器洗乾淨了再丟回去。不這麼做的話，就等著一命嗚呼吧！還好我當時命大，被醫生及時搶救了回來。但即使我康復了，肚子上依然留下了一條長得像蜈蚣一樣，俗稱「蟹足腫」的疤痕，難看極了。

這個遭遇夠慘吧？但我還是可以用「這樣也很好」、「沒什麼大不了」的心態來應對。有這樣死裡逃生的經驗也很好，因為每當我跟約會的對象講到這個死裡逃生的過去時，她們都會露出不捨的眼神，對我多了些同情，再順勢聊到她曾有過的一些挫折與傷痛，瞬間拉近了彼此的距離。這個經歷也真的沒什麼大不了的，因為當時雖然痛苦，但至少我的命還在啊！只要命還在，就有無限可能。我從此把所有的挫折困難都當成小 case，因為我從二十歲以後到現在的人生，等於都是「多賺的」，也因此我總是能抬頭挺胸，自信滿滿。

任何事情既然發生了，就是發生了！相信自己有面對它的勇氣、克服它的能力，不就好了嗎？要是發現那實在不是你能力範圍內能解決的事情，向外尋求幫助，費盡心力都解決不了，乾脆雙手一攤，承認自己就是對這件事情沒辦法，「也沒什麼大不了的嘛」！地球沒有你，依舊繼續轉動，哪有什麼事情會大到那麼了不得呢？

提倡這樣的心態，絕非要大家「擺爛」度日，而是凡事盡力後，仍能笑著面對人生中許多你無法控制的意外。當你能如此豁達的時候，會發現任何事情，其實都能幽默以對，笑著過一生也是過一生，哭著過一生也是過一生，何不盡情歡笑，也讓更多人跟著你一起歡笑呢？

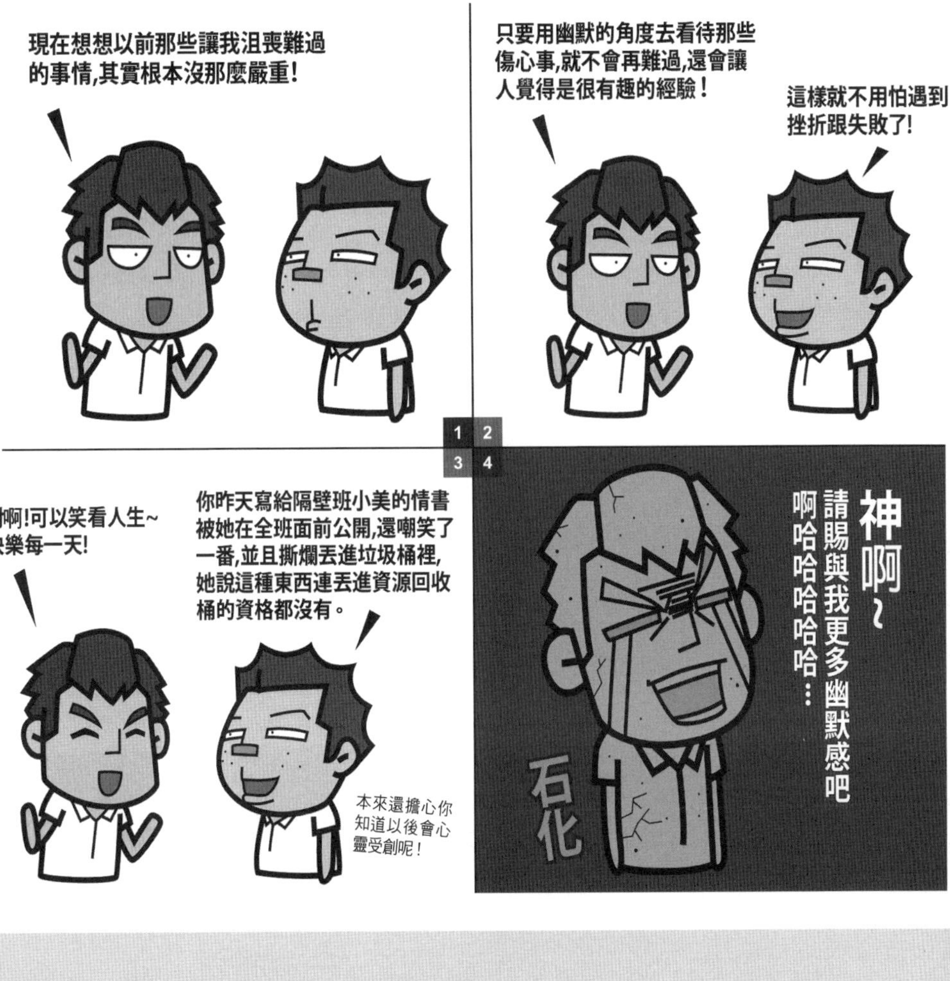
現在想想以前那些讓我沮喪難過的事情,其實根本沒那麼嚴重!
只要用幽默的角度去看待那些傷心事,就不會再難過,還會讓人覺得是很有趣的經驗!
這樣就不用怕遇到挫折跟失敗了!
對啊!可以笑看人生~快樂每一天!
你昨天寫給隔壁班小美的情書被她在全班面前公開,還嘲笑了一番,並且撕爛丟進垃圾桶裡,她說這種東西連丟進資源回收桶的資格都沒有。
本來還擔心你知道以後會心靈受創呢!
神啊~
請賜與我更多幽默感吧
啊哈哈哈哈哈…
石化

是金錢至上？還是要追逐夢想？

關於財富的正確觀念，從高中就該開始建立

在華人的教育裡，一直避談的就是金錢這個話題。父母不喜歡和小孩談錢，學校更是避免教授關於金錢的知識，好像金錢就是萬惡的淵藪，只會導致心靈的敗壞。

但在現實生活中很明顯的，沒有錢卻是萬萬不能。不盡早培養青少年對錢的正確觀念，只會使得他們被錢所奴役，勞心勞力卻所得有限，或者為了追逐財富而無法自拔。我想，這應該不是父母師長希望看到的未來。

於是，在高中時期及早建立正確的財富觀，甚至比取得良好的學業成績更加重要。什麼是良好的財富觀念呢？我認為可以從以下三點觀念作為入門：

❶能省則省，把自己的物欲降到最低

還記得我在唸成功高中的時候，有幾位好朋友，看我平時既不怎麼買新衣服新鞋子，也不喝果汁飲料，更不從事太花錢的休閒活動例如唱KTV和看電影，便封我為「台灣省長」，意思就是很會省錢的意思。當時我知道他們用這個開玩笑的方式揶揄我，表面上一副不在乎的樣子，其實心裡有點難過，因為我覺得自己真的沒有很小氣或摳門啊！只不過是不做我覺得無謂的消費，又不想花太多錢在衣服、鞋子上罷了。

但經過了這麼多年，我想要是現在的我回到當年，被朋友們叫「省長」時，我一定會大聲回答：「Yes, Sir!」並俏皮地向他們行舉手禮。因為我後來才發現，省錢真的是年輕人一個最好的習慣！

當你把自己的物欲降到最低的時候，才能避免金錢的浪費，把這些錢省下來，要嘛是能去學習語言或技藝充實自己，要嘛是能出國或做國內的環島旅遊增廣見聞，這些都是能「增加自身價值」的舉動，比起衣服或鞋子那種「一購買就貶值」的東西，要來得有價值多了。

我這省錢的習慣，還延續到當兵、出國留學，甚至是後來在韓國任教的日子。因為沒有什麼花費，所以財富累積得特別快，幾乎可以把所得的百分之八十都存下來，這也是我為何在工作的第二年便能存下購買台灣房子的頭期款，並且在前年和去年又各在韓國買下一棟房子的原因。

不過，有鑑於有型、亮麗的外型，不僅能為你的魅力加分，也可以使你「對自我感覺良好」，由外而內，充滿自信，因此適當的打扮還是必要的。但是打扮這件事情，也是有省錢的方法的，那就是多多利用網路購物。

網路上有許多便宜的衣服，質感也不錯，很適合學生購買。你只要上網瀏覽，看到某個男模特兒或女模特兒一身搭配得不錯，就從上衣到褲子、裙子一身全買下來，加上鞋子，往往可以在二千元以內，買到很不錯的服飾。買了兩套以後，就可以互相搭配，變成四套，再搭配一些飾品，做出更多變化。

❷省下來的錢，拿來投資自己或股票

把錢省下來以後，最好能拿來充實自己。舉例來說，當你把省下來的錢，購買英語學習的書籍，或者去補習班把英語口語和文法學好後，進入大學，便能靠著流利的英語，或者早已拿到的 TOEIC 等證照，去兼家教。這比你打任何的工，都要來得更輕鬆、收入也更高，最重要的是能教學相長，使自己的外語實力更上一層樓，這是一種永恆的財富，只要你還活者，就會一直跟隨著你，為你創造源源不絕的財富。

以我個人為例，即使我因為個人生涯發展規劃的因素，辭掉了韓國弘益大學的教職，還是可以回台灣教授英文、韓文或日文，這正是因為我曾經付出的時間與努力，投資自己在語言方面能力的結果。

並不是每個人都對學習語言有興趣，那麼投資在自己喜歡的相關技能，例如電腦繪圖、網頁設計、重機具操作，也是很好的選擇。

金錢不是萬惡根源，卻讓許多人為追求財富而迷惘，所以我們要學習運用我們的金錢，而不是被金錢所利用，我們理財課題的第一步就是要懂得節流。
對於正處於學習階段的我們，更應該懂得將金錢花在能充實自己的事物上，而不是玩樂跟虛榮的物質。
1
2
3
4
上了一課
好棒喔
娃娃今天的演講真精采，真是獲益良多。
對啊，來這趟真是值回票價。
聰明的人懂得省錢，更聰明的人就懂得賺錢！
對於財富的課題，比別人先懂得，就比別人擁有更多籌碼。

有了這些技能後，最好還會主動毛遂自薦，向在相關領域出類拔萃的公司自我推薦；在大三、大四或者寒暑假的時候，擔任工讀生或實習生，早點讓自己的所學與實務結合，並且使那些公司的主管看到你的努力與潛力，這樣日後若是有興趣進入該公司工作，主管都已經認識你了，錄取你的機率便能大大地提高。

你甚至還可以把錢拿去購買股票。台股裡頭有許多「物廉價美」的標的，都很適合長期投資，你只要在媒體報導景氣非常不好的時間點，例如二〇〇八年金融海嘯的時候，買幾張類似中鋼這種大到不能倒又本業穩定的股票，長期來看，一定會給你豐碩的回報。若是你對個股不是那麼了解，也可以買台灣五十這樣的指數型股票，只要在市況非常不好的時候入手，幾乎就是日後獲利的保證，你根本不必每天看盤，而能把時間精力花在自己的學業和工作專業上，進可攻，退可守。

❸花錢，其實是為了賺錢

這是最終極的心法。我自己在買任何一本書的時候，都會告訴自己，這本書敢讓我花二百元甚至是三百元購買，那我一定要把它翻爛、把它裡頭的知識榨乾，也就是不僅讀完，還要照做！靠著這個方式，我雖然花了三百元買書，卻往往能從中獲得三萬、三十萬、甚至是三百萬的財富。以我曾經讀過一本安東尼羅賓著的《喚醒心中的巨人》，它不僅幫助我實現了成為作家的夢想，更讓我從此不怕任何的挫折，能夠化危機為轉機，並且總是設定更高的目標去達成，它為我所製造的財富，是書本價值的一萬倍！

花錢的當下，就注定了你即將因此而賺錢，這種好事，你一定也要來試試！

再例如買了相機，就學好攝影去參加攝影比賽；出國旅遊時就深入探訪，回國寫一本關於當地旅遊的書籍；我自己每次看到一本不錯的書，就會想著類似的主題，我可以怎麼寫、該怎麼應用在自己的演講中，不僅激發了下一本新書的靈感，也使我的演講內容更加多元豐富，又促成其他單位慕名而來，邀請我至更多單位演講。這都是因為我一開始的設定，不把消費僅僅當作消費，而是為了賺錢的準備。

金錢不是惡魔，不懂得面對財富、管理財富，金錢才會成為惡魔，或者是你心中永遠的痛！為了避免這種事情的發生，希望你坐而言不如起而行，及早開始培養對財富知識的瞭解，可以早日達成財務自由的目標。

最後再和大家分享一個觀念。我在二十幾歲的時候，曾經期許自己到了三十五歲左右的時候，就能實現財務自由，並且不用再工作。而現在三十七歲的我，靠著國外教職、寫作演講還有上電視通告加總起來的收入，也等於可以過著半退休的狀態。但當我達到這一步的時候，才發現自己的想法改變了，我不僅不會退休，還打算一輩子工作下去。

人，只有在工作的時候，才能發揮自己的最大價值，確立自己

的存在感。擁有大筆財富，卻每日無所事事，自信感不增反減。我給自己的設定是，實現財務自由以後，工作不是為了賺錢，而是發揮自己更大的潛力與價值，並把正面的影響力帶給更多人，這也是我持續寫作演講的動力。

而對我來說，工作時不像是在工作的最主要原因，是因為我在做的，都是自己最喜歡的事情。如果你也可以找到自己的天賦和熱情，並把它們與工作這件事結合在一起，那麼你與「工作」這件事可說是終身絕緣，勞動時沒有所謂的辛勞痛苦，有的只是盡情地揮灑，以及創造自身更多的價值！

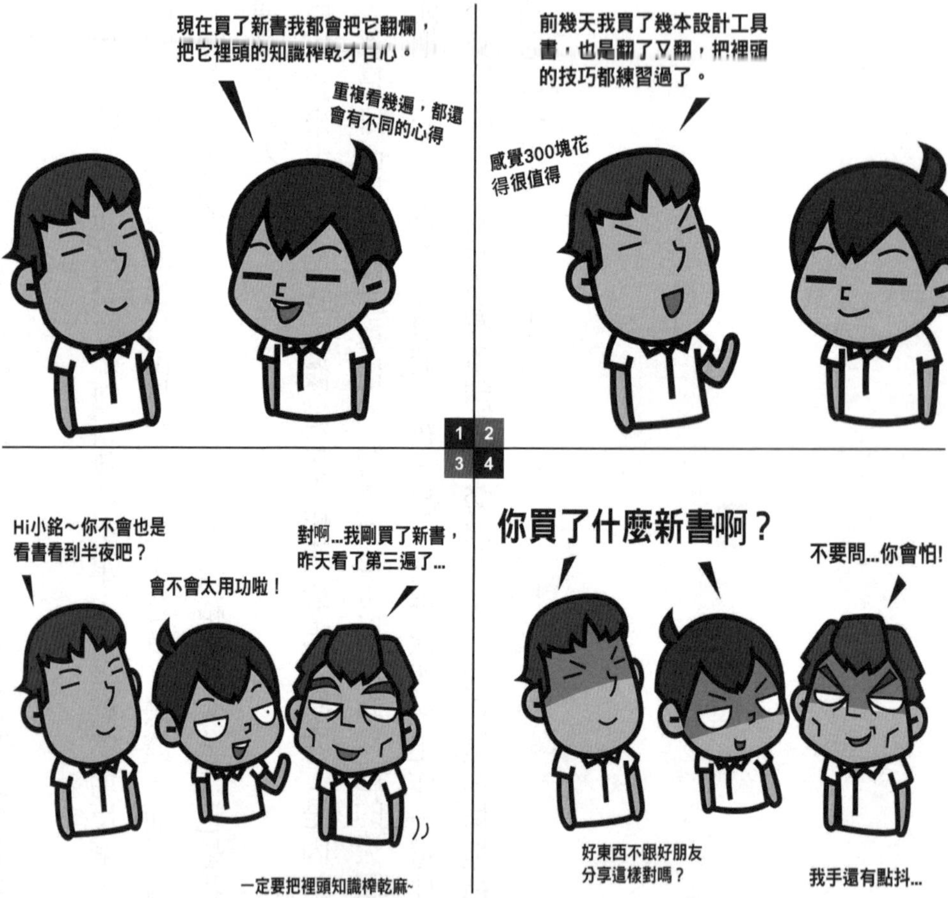
現在買了新書我都會把它翻爛，
把它裡頭的知識榨乾才甘心。
重複看幾遍，都還會有不同的心得
前幾天我買了幾本設計工具書，也是翻了又翻，把裡頭的技巧都練習過了。
感覺300塊花得很值得
Hi小銘～你不會也是看書看到半夜吧？
會不會太用功啦！
對啊...我剛買了新書，昨天看了第三遍了...
一定要把裡頭知識榨乾嘛~
你買了什麼新書啊？
不要問...你會怕!
好東西不跟好朋友分享這樣對嗎？
我手還有點抖...

如果你要打工，請這麼做

許多高中同學，或許是出於家庭因素不得不然，也或許是希望及早獨立不再向父母伸手要錢，又或者是嫌父母給的零用錢不夠自己花用，都會想透過打工的方式，為自己賺取一些金錢。我在高中大學的時候，也曾經有過一樣的念頭，但我的父親總是說：「不要去打工，你這個年紀打的工，大多是浪費時間，只能付出勞力，賺取一些微薄的所得，還不如好好讀書，這樣以後用腦袋賺錢，反而能夠輕鬆賺更多。」

多年以後，當我回頭審視父親說的這番話，發現它其實同時有對的地方，但也有錯誤的地方。讓我試著用自身的經驗和想法，來和大家深入分析到底學生時代要不要打工這件事，以及背後蘊含的一些金錢遊戲的法則。

首先，學生時代不要打工這個命題，絕對是錯誤的。台灣現在很多家庭的經濟負擔吃重，父母真的沒辦法完全支付孩子的學費，因此學生在就學時期便開始打工，是一件不得不為的事情。而且我認為，早點打工，其實對學生來說是好事，因為能早一點與社會做接軌，知道賺錢的辛苦，更能夠體會父母的辛勞，以及社會上廣大勞動階層的艱辛，成為一個懂得同情體恤他人的人，這未嘗不是一件好事。

但在打工的時候，請大家一定要具備正確的心態。既然要工作，就一定要認真，而且不要抱著「我只是來付出勞力與時間，混過這幾小時錢就到手了」的心態，而是要勤快做、認真學，把一家超商或者公司的人力分佈與經營方式，都做全盤的瞭解觀察。簡單講，你就是來這裡學習這家公司的核心業務是怎麼做的，生產流程怎麼有效率運作的，以及經營階層是如何管理行銷的。

把這些東西都「偷學」起來，當作是你的養分，然後將它與在學校中學習到的理論，做最好的比較和驗證。如此一來，你等於提早進入社會，將比其他同學多了一些實務操作的經驗，未來比其他人升得更快，爬得更高。

為什麼我鼓勵大家一定要在打工時不僅付出勞力，還要付出心力，從管理經營的方向去提升自我呢？這是因為，金錢遊戲有兩大法則，是大家必須及早體會的：

❶想要賺大錢，你必須使勞力和時間倍增

一個人一天只有二十四小時，也只有一副身體，再怎麼操怎麼用，時間精力也都是有限的。於是，當你的工作是屬於付出勞力的時候，從加油站員工、7-11 收銀員，到律師、會計師和醫師，大家的時間精力都有限，也只有那麼一個身體付出的勞動力能夠換取金錢，雖然其價差可能是前者一小時一百三十元，後者一小時三千三百元，但還是有限。

當你能成為一個管理階層的時候，底下若是帶領著一百人，那麼勞動力就增加了一百倍；一千人就增加了一千倍，一萬人即增加了

一萬倍！你的所得當然也隨之提高，遠遠超越一個人的勞動力所等值的金錢。這就是為什麼老闆能夠賺大錢的原因，因為他們有大量的勞動人數來倍增勞動力和時間，創造你所想像不到的營收。

❷能夠做複雜的事情，才能有更高的收入

也許你會說，「哎喲，管理是要動腦的啊，我只想簡單地付出勞力，獲得溫飽就好。」很可惜！金錢世界的遊戲規則裡有一項鐵則，那就是能夠處理和解決越困難、越複雜事情的人，其所能獲取相對應的金錢也就越多。加油站員工的工作，就是把油槍插入車子的油箱，以及拿著客人的信用卡刷卡或收取現金這兩個動作而已；律師則是要深入了解刑事或民事案件的來龍去脈，做一遍又一遍的詢問與折衝，還要具備寫書狀和答辯書的能力，以及在法庭上辯才無礙的口條，因為事情比較複雜，所以單位時間的收入當然就比較高。

公司的管理階層甚至老闆更是如此，從生產線的流暢、訂單的

來源、明年的景氣、政府的政策和客戶的關係經營……等，都要穩紮穩打、戒慎恐懼地步步為營；負責的項目越龐大，思考的環節越周密，管理的人數和細節越眾多，能獲得的單位時間金額也就越龐大，這是不滅的真理。

而且最糟糕的是，當你無法倍增勞力和時間時，如果發生了什麼意外，例如交通事故和天災人禍，你的身體不能像往常一樣工作時，那麼沒有付出，就沒有所得，你個人及家庭當下便頓失經濟來源，很容易坐吃山空，最後走上貧窮的道路。

瞭解了這兩點以後，我們來看看可以怎麼做。

以我自己為例，我當年在大學的時候，雖然沒有固定打工，卻不定時地去參加一些國際活動的輔導員甄選，或大型會議的翻譯員。除了能夠強迫自己把英語學好以外，因為有外語這項專長，時薪比大部分打勞力工的同學都要高出一兩倍，做英語家教的時候則有五倍；而且在擔任翻譯員的時候，我還向承接該活動公關公司偷學了如何規劃大型活動與執行專案，這又培養了我日後自行承辦大型活動的能力。

等我從美國留學回來，開始想要藉由寫作出版來推廣理念的時候，又發現一本書若是寫得好、行銷做得到位，能夠賣出三萬本以上的話，基本上能為我帶來新台幣一百萬的收入，而且完全達到勞力及時間倍增的效果。當我在睡覺的時候，我的書就像我的勞工一樣，辛勤地「為我工作」，躺在誠品、金石堂書店的它們，只要一被消費者買走，我就多了版稅的收益，再加上網路書店的熱賣、把版權賣到海外，一年多增加幾十萬的收入完全不成問題，這又是把時間和勞力倍增的最佳實例。

而現在的我，則是規劃把自己的課程，全部精心錄製後，放在網路上，供大家付費下載收看，這樣等於我只要做一次工，就能夠創造出源源不絕的收益。在網路這個無遠弗屆的平台，不斷地宣傳行銷自己，同時又能在實體世界中，為我帶來演講、上節目的效益，並將其效果回饋到我的出版銷量上，可謂一舉多得。

所以，各位正在讀這本書的年輕朋友們，如果你已經在打工，一定要想著如何更有效率地把工作做好，並且以一位未來經營者的角度，來瞭解該分店、該企業成功的秘訣，然後好好用在作為自己以後開店、或者管理更多分店及總公司的經驗。如果你沒有打工，也好好思考一下如何倍增自己的時間和勞力的方法，千萬不要死背書上的知識而不懂得活用，那麼就辜負上天給你一個這麼好的腦袋的苦心了。

剛開始打工時，我在餐廳做服務生，了解到了父母工作賺錢的艱辛，學習待人接物，以及桌上禮儀。
請問需要幫您加水嗎？
在百貨公司做服飾專櫃銷售員，我學到服飾搭配技巧，營運管理，微笑至上的服務精神以及銷售技巧。
試穿裡面請喔～
1
2
3
4
而在回到本科做設計後......
我學習到了責任制瘋狂加班的殘酷，資本主義資方壓榨奴隸的遊戲規則...

夢想很好，但你的起點必須從低處開始

「夢想」是一個非常美好的名詞。我曾在網路上看到知名製作人，也是目前各大歌唱比賽評審中人氣頗高的黃韻玲小姐的專訪，相當激勵人心。我想就她專訪中提到的一件往事，和大家討論一下夢想這個話題。

黃韻玲提到，她一開始進入唱片圈時，是從沒有薪水、或者很少薪水的工讀生開始做起，然後靠著努力和運氣，一步一步坐上今天的位置。這裡就有個問題要問大家了：

「請問，如果你正在追尋自己的夢想，做著自己理想中的工作，或者為了做自己理想的工作而必須忍受一些狗屁事時，是否也願意先從無給職、甚至是得自掏腰包的情況開始，然後咬緊牙關，絕不放棄地往目標邁進呢？」

我知道大部分人想的應該是：「當然願意！只要我的努力，最

後都能像黃韻玲一樣獲得回報，那麼再多的苦我也願意吃！」

可惜，在職場中身經百戰的匡宇，要很抱歉地潑大家冷水，告訴各位，事情百分之九十九不會如你所希望的，所有的努力都有「你想要的回報」。也就是說，也許你苦撐了半天，卻依然沒有坐上你想坐的位子，達成你想達成的目標。這時該怎麼辦？繼續做，怕依舊徒勞無功；放棄了，又覺得可惜，心想也許只差那麼一步，說不定就會成功了！當你面對這個進退兩難的困境，會怎麼做？

如果是我的話，我想一開始就不會把自己逼到一個走投無路的境地！

很多人或許會說，做一件事，想要成功，就是要破釜沉舟；甚至灑狗血地弄得自己很悲憤，不成功便成仁。但，現實生活中如果真的那麼做，也許悲憤有餘，但成事不足，搞得自己抑鬱寡歡，卻依然一事無成。

我的做法是，就算得自掏腰包、不領酬勞去實現自己的夢想，也一定要擠出時間，去做一些真正能賺點生活費用的事，使自己不至

我的夢想是成為漫畫家!
……
……
好棒喔！很棒的目標耶！
加油喔～
可以現在就幫我簽名嗎？
有為青年!!
10年後他已經換了四個夢想，仍在追夢中…
我的夢想是每天熬夜畫圖累個半死，被編輯追殺，連跟朋友出去玩的機會也很少…
……
……
……
哈～真是作賤自己的人。
……
有夠可愛的夢想
傻人有傻福吧
你沒救了!
10年後他成為了漫畫家…

於面臨飢貧交迫的窘境。

要達成這個目標，只要一天做兩份工，例如晚上去工地幫忙、去加油站工作、應徵7-11的大夜班，應該都能輕鬆達到。同時，把自己的物慾降到最低，食取果腹，衣取避寒，和爸媽住，在家裡吃，不做任何休閒娛樂，頂多去圖書館看書和爬山、運動。用這樣的生活方式與態度，一定能維持最基本的生活開銷，然後傾全力朝自己的目標邁進。

我曾經在某篇報導中看過一位創業家，為了迅速累積創業的第一桶金，白天有一個月薪四萬元的正職，下班後另外接一些專案賺外快，晚上九點到一點去工地做搬運工，回到家洗個澡立刻倒頭就睡，不僅原本偶爾失眠的問題沒有了（因為實在太累），也在一年內就存到了一百萬。這不就是一個為了夢想，全心全力付出的最好例子嗎？

除了辛勤工作，一天當兩天來用外，最好還能像黃韻玲小姐一樣，在自身經濟狀況最不好的時候，彎下腰、主動出擊，透過自己

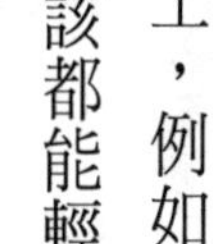

過去累積的人脈，甚至是毛遂自薦，來增加工作所得。如果連那麼有知名度的黃韻玲小姐，都曾經願意低下頭來為自己謀些出路，本來就什麼都沒有的你，又有什麼好在乎面子，而這個不敢想、那個不敢試呢？

厚臉皮的人總能活得比較好，為了生存，也為了達成自己的目標，那點不值錢的面子真的不算什麼。現在的你，或許和當年的我一樣，很單純地被父母教育：只要好好唸書，讀個好大學、好科系，未來就一定有出路；也或許成績普普的你早就知道，以目前的成績，是絕對進不了所謂的一流學府，就讀那些明星科系，未來的出路似乎黯淡無光。

不管你是前者還是後者，很快地，你就會發現社會的現實完全不是這麼一回事。所謂的好大學、好科系，從來就不會是就業的保證，而且如果不是你的興趣所在，大學四年將讓你過得痛苦不堪，畢業之後一樣前途茫茫。現在許多大學生面臨了「畢業即失業」的慘狀，便是血淋淋的鐵證。

而就算你讀的不是明星大學、或「有前途的科系」，只要堅持自己的專長和興趣，並且將它們做結合，在理論與實務中找到平衡點，讓自己的努力不斷地被看見，你依然有可能是那個領域裡最耀眼的明星！揚名國際的網球好手盧彥勳、麵包師傅吳寶春，就是最好的例子。更不要說國內的飯店教父嚴長壽先生，他雖然只有高中畢業，從美國運通的傳達小弟開始，一路做到了亞都麗緻飯店的總裁，更成為了台灣觀光界的重要推手。他們都在在證明了「將相本無種，男兒當自強」，堅持自己的價值與夢想，不被他人的眼光或輕蔑給擊倒，最後才能笑臉迎接燦爛的人生。

我總認為，只要你真的付出努力、又撐得夠久，一定會得到某種成就。即使那個成就沒有原本設定的高，過程中也一定具備不可忽視的實力；就算不能飛黃騰達，至少也是所有人的平均值以上。這樣的人生，比起渾渾噩噩，還是好上太多太多了。

所以，永遠不必害怕自己的起點低，先蹲得夠低，往往才能跳得越高！

以前我那年代啊，許多人共同的夢想是當三師。
也就是
醫師、律師、會計師。
生活穩定，薪水又高的出路最受青睞！
1 2
3 4
那你們呢？現在最多年輕人的夢想是...？
當上海賊王...
但他們不可能成功的...因為最後當上海賊王的人一定是我！
？？

夢想，其實往往就是身邊的一些小事和鳥事累積起來的

許多正值青春期的朋友都有「父母不讓我交男女朋友」的煩惱，我不會像某些父母或師長一樣，硬要大家在學生時期別交男女朋友、克制自己對異性的興趣。明知道阻擋不了的事情，何必去壓抑它呢？透過適當的誘導，反而能產生更好的結果。我反而建議各位同學，把你對異性的興趣，跟提升自己這件事做適當的結合。為了吸引到那個功課比自己好的他（她），努力提升自己的成績；又或者在自己熟悉的運動領域，取得良好的表現，再不然擔任社團的領導，積極展現自己運籌帷幄以及溝通協調的能力⋯⋯這些都是把對異性的興趣，轉換成讓自身更好的方式。到最後即使吸引不了那位你喜歡的他（她），卻在實質上提升了自己，帶給自己許多當初意想不到的好處。

九把刀的小說《那些年，我們一起追的女孩》，後來改編成電影，

讓他名利雙收，更上一層樓，不就是最好的例證嗎？他當年為了女主角所做的一切，雖然最後還是沒能贏得和她在一起的結果，卻成為了他小說和電影創作的素材，他認真走過的每一個軌跡，都在後來的生命歷程中帶給他豐厚的回報。由此可以知道，人生沒有白努力，只要適當結合自己的興趣與提升的方向，誰都能走出自己的一片天。

回想高中時期，我很想要成為受異性歡迎的對象，試著創造對自己有利的舞台，是一種最具多重良好效果的付出。

說到要創造自己的舞台，很多同學也許會覺得茫茫然又無所適從，因為在一開始的時候，大多數人根本找不到自己有興趣的領域，又怎麼能集中全力有所作為呢？

其實會這樣想的人，是犯了「想太多」又「好高騖遠」的毛病。要知道，許多備受稱讚的表現與成就，都是從一個小小的想法，以及初期在別人看來不怎麼樣的作為開始，逐漸累積發展，最後終於成為別人眼中了不起的貢獻。所以，重點不是成天在那裡作白日夢胡思亂想，或者老是覺得自己還沒準備好，不敢採取行動，而應該利用身邊

的一些「小事」或不得不做的「功課」，將其發展成讓人驚豔的成果。

舉例來說，不知道大家有沒有印象？電視新聞和報紙曾經報導，中山女中的吳璧羽、陳芝毓、古佳玉等幾位同學，參加高中地理奧林匹亞競賽時，以瞭解垃圾車駐點的設置分佈和原因為主題，他們在研究過程中走訪了內湖區將近二十個垃圾車駐點，訪問了無數清潔員與地方民眾，有時還要追著垃圾車跑好遠，最後終於靠著傑出的研究發現，獲得全國高中地理奧林匹亞團體組一等獎。這種在許多人眼中看來不重要的「垃圾研究」，只要把它看得很重要，並且付出時間和精力做出一番研究成果，就能獲得獎項，甚至是媒體的關注，這豈不正是人人都能創造舞台的最佳例證嗎？

如果你覺得上面介紹的三位同學，本來便就讀像中山女高的一流學校，所以才能做出以上的研究結果，那麼再來看看沈芯菱的故事吧！沈芯菱出身貧寒，從小學五年級開始，幫自己家經營的成衣廠架設電子商務網站，等到客源穩定、家計獲得改善之後，又成立了個人電腦工作室，開始接案子、辦公益活動與寫書，至今所獲得的酬勞、

阿蛋，你真幫我打聽到小惠喜歡怎麼樣的男生啦！
哼哼，人稱情報王阿蛋可不是浪得虛名的。
她射手座B型，喜歡類型是有才華又陽光的男生，上下學是搭987公車，早餐喜歡吃玉米蛋餅，英文成績優異，但國文卻是致命傷～
兄弟！你太神了！
你是吉他社的，又是國文小老師，你們根本是絕配！
1
2
3
4
太好了！我現在充滿了鬥志！回去勤練吉他才能夠在校慶的社團表現完美，另外再加強課業能夠讓小惠刮目相看！
放假我們去看電影吧～
好啊～
而阿蛋漏掉的情報是小惠已經有男友了…

獎金、版稅，超過一百萬元，全部投入公益。

從小五、小六開始，沈芯菱更投入所有課餘的時間，打造「安安免費教學網站」，至今已超過兩百萬人次點閱，後來更延伸出中國版、柬埔寨版，幫助那些沒有錢請家教、補習或買昂貴的線上教學教材的國中小學生，自我學習。現在的她，是各大學校、機關團體熱情邀約的講者，而她也主動將所有的演講所得捐做公益，造成了邀請單位、受贈團體以及她自己的「三贏」局面。

沈芯菱的經歷感動並幫助了無數的人。如果一個小學五、六年級，來自貧寒家庭的學生，都可以透過學校課堂知識的啟發，然後傾全力運用公家的資源（學校、市立縣立圖書館），來累積自己的知識與實力，去幫助更多的人而成就如今名滿天下的善行，那麼已經是高中生的你，還有什麼藉口說自己的條件比別人差呢？

或許你沒有像沈芯菱一樣，擁有在電腦和行銷上的天賦，但你的語言、美術、音樂、體育……等方面，一定也有令人望其項背的天賦，端看你有沒有深入去發掘，並持續發展罷了。

任何的成就，都是從一點一滴看來不起眼的努力所累積出來的。當你羨慕人家贏得掌聲與尊敬時，不要嫉妒，更不要妄自菲薄，而是好好地思考一下，自己在其他的哪一個領域，也能做出驚座四方的成果？然後就是付出比別人更多的努力，去達到那個自己設定的目標。

華人流行歌壇的天王周杰倫，也不是一開始就擁有現在橫跨音樂、電影以及電視的霸業。有次我參加中天青年論壇，周杰倫在台上自述，他當年還沒出道的時候，一個月只領12K（一萬兩千元），住在公司老闆吳宗憲的辦公室，很少出去娛樂，因為根本沒錢娛樂。於是，他把時間精力都用在寫歌這件事，以一天一到兩首的速度，不斷累積自己的實力和成績，增加自己在音樂圈的曝光度，終於有天吳宗憲決定給他一個機會發片，也就是從那個起點開始，他為自己打造了更強大的舞台，成為了音樂圈的傳奇天王。試想，如果他一開始就不願意從小處著手、低處開始，這個不願意做，那個不願意試，也不可能創造出今天的成就。

夢想可以很遠大，起點卻應該從眼前的一些小事開始，然後持續地在過程中累積經驗與實力，不斷地累積小成功，使自己更邁向大成功。只有這樣做的人，才能取得別人無法比擬的成就，成為受人注目的焦點。如果你也能見賢思齊，我相信你喜歡的他（她），也會在人群中給予你最溫暖的掌聲！

書上說可以藉著追求異性的動力，
提升與充實自己的能力呢。
唉～可是 Lon 學長，不但帥又有才華，
功課又好，還是個運動健將，我要提升
什麼能力來吸引他的注意哩？
要提升什麼能力 ?!
我推薦妳……
騙術的能力。
……
美妝誌
放大片是最基本的！

想紅，要有正確的心態和方法

普普藝術大師安迪沃荷曾經說過：「在未來，每個人都會有十五分鐘的成名時間。」這的確是一位洞悉局勢的大師會說出來的預言！在當今網路媒體無遠弗屆、資訊爆炸並快速流通的大環境之下，只要你做一件特別的事情，再透過網路傳播的力量，很快就能無人不知、無人不曉。

以我個人為例，在出版書籍的同時，也積極地聯絡媒體進行採訪，並認真經營自己的部落格，於是在短時間內，我的部落格很快就衝破百萬瀏覽人次，並成為暢銷書作家，這都拜新媒體蓬勃發展的機會所賜。

其實在我看來，每個人的血液裡，一定都有「想紅的因子」。這裡的想紅，我先把它定義成是「想讓更多、甚至是全世界的人都知道自己」。

而為了讓自己聲名遠播，有人選擇專注自己喜歡的志業，做出一番成績後廣為人知；有人選擇從事演藝工作，在媒體圈耕耘努力，「戲棚下站久了，鎂光燈總會打到自己」。但很不幸地，也有人就是純粹只「想紅」，於是標新立異，做出一些荒謬甚至是犯法的事情，只為了得到更多的關注，這麼一來，得到的可不只是關注，更有可能是大眾的批判與無情的災難。

讓我舉兩個例子來做個比較說明，相信同學們對以下這兩則新聞都不陌生。第一則新聞是有幾位私立高中的學生，居然趁著遊民在睡覺的時候對他們潑糞，欺負那些在社會中處於弱勢的一群。事後，他們不但沾沾自喜，更過分的是還把所有過程ＰＯ上youtube；他們嬉笑怒罵的嘴臉，讓所有看到的人為之氣結。

他們的行徑，自然引起廣大網友的批評，拍攝的整人影片雖然創下了高點閱率，但隨之而來的是有正義感的網友進行人肉搜索，媒體的批評追殺，最後被警方約談、父母蒙羞，甚至遭到學校退學處分。用這種方式「紅」，名是出了，但卻毀了自己的名譽和未來。

而在這個高中生潑糞事件發生後的一個禮拜左右，又有一則新聞報導，指出網路上出現名為「台南善心華醫二少」的短片，兩名就讀中華醫事科大資管系一年級的同學，分贈約三十個餐包給台南火車站地下道的六位遊民，藉此反諷潑糞行徑，更盼社會多點愛心。

其中，吳俊霖和黃柏偉兩位同學都是勁舞社成員，某日在參加一場舞蹈演出結束後，獲得一大袋餐包，兩人心想反正也吃不完，何不分贈給有需要的遊民們？他們認為，其實送麵包只是一個小動作，動機純粹是因為覺得社會太多負面事件，希望用一點正面的力量，讓大眾看到學生也能有奉獻、溫馨的一面，而不只是炫富、欺負弱勢。

說真的，仔細分析後我認為，三位對遊民潑糞然後將其行徑放上網路的同學，目的是想紅；另外兩位同學分送麵包給遊民後製成影片放上網，同樣也是想紅！否則「為善不欲人知」，做這種好事只要默默地做就好，為什麼製成影片放上 youtube 廣為宣傳？

是彎彎耶～
部落格女王
傻大姐！
是馬克耶～
勞苦上班族
超幽默的
1 2
3 4
……
是Lon耶～
變態！阿宅！
拖搞王
想紅之外別忘了
形象也很重要…

同樣是想紅，卻造成了完全不同的效果，前者背上罵名更有可能吃上官司，後者被讚譽有加並成為了全校之光，怎麼結果會差這麼多？最主要的差別，就在於在做這件「想紅」的行為，背後的心態以及做法。

在心態上的出發點只要是善，即使透過拍攝影片來宣傳自己的行為，也會受到廣大民眾的認可。兩位同學趁著社會的焦點都集中在脫序少年向遊民潑糞的事件上，做一個跟原事件有點關聯卻又徹底不同的行為，打鐵趁熱，當然容易引起媒體的報導，社會的關注。

而出發點若是惡作劇、欺負人，那麼公道自在人心，一定會有正義之士揭發惡行。兩名私校同學自以為為惡他人不知，豈料網友鄉民們的力量無遠弗屆，很快就藉由串聯資訊的方式揪出該事件的始作俑者，再透過媒體和司法警察機關的力量對加害人施與懲罰。

因此，想紅的同學們，一定要記取這個教訓。想紅，也是有正確心態和有效方法的！你想紅，我也想紅，但是背後正確的心態和做法，才是你是否能紅得對、也紅得久的最重要因素。

期許各位同學都能保持一顆善良助人、認真熱情的心，去幫助別人、發揮長才，然後善用網路媒體的力量，擴大自己的舞台，增加更多的影響力。這麼一來，你不只會紅，而且還能紅很久，讓家人、學校都以你為榮！

我想開LOL直播，搞不好還能紅遍全亞洲！
你積分才一千，沒人會看的...
現在高手直播一大堆！
還是搞笑的唱歌自拍？好笑的影片也很受歡迎！
有人做過了！
你分得清好笑跟可笑的差別嗎？
1 2
3 4
不然就來猛的...吃糞肯定會紅!!
也有人做過了！
雖然我很想看你吃...
為了要紅豁出去了...
等一下！就算裸奔也有人做過了！
而且你只會上一天的社會新聞！

後記——

用自己的力量，「硬拗」成就不凡的夢想

就在這本書即將付梓的幾個月前，我被一位正妹粉絲專訪，那是她學校的期末專題。在訪談中，她特別問到，我的書總是鼓勵年輕人多方嘗試，勇敢走自己的路。問題是我們的教育體制數十年來也許有些皮毛上的更動，但核心價值中那種服膺權威、害怕犯錯的觀念，卻依然根深蒂固，是否即使我再怎麼鼓吹，實際上也是效果有限，讀者們就算有心想要改變，也難以掙脫社會文化和價值觀的既定牢籠呢？

我當時回答她：「的確，這個社會和文化裡頭的一些枷鎖，是很難掙脫的。」例如，即使隨著社會多元的發展，吳季剛設計師、李寶春師傅、嚴長壽總裁等人，都在自己的領域發光發熱，許多父母已

經不再只把書讀得好當作是評判孩子未來前途的唯一判準，但依然有更多的父母，仍舊擔心「孩子書讀不好怎麼辦？」然後只希望自己的孩子走進公務員、教授、律師、醫生和會計師之類的職涯。

但是，不知道大家有沒有發現，在這本書裡頭，我打從開頭的第一頁開始，就沒有用面對「小孩子」的口氣和大家說話。因為在我看來，高中生的年紀，已經一點都不小，你們已經大到足夠也應該對自己負責了！現在還要把作決定的權利，交給自己的國家、父母、師長、同儕……然後等到一事無成或者繞遠路後悔時，再來怪罪是這個社會的錯、是父母剝奪了你的人生。當你不把作選擇的權利緊緊掌握在自己手中的時候，由別人決定你的未來，定義你的人生，是再自然不過的事，有什麼好抱怨的？

可是當你作出選擇，採取行動後，也一樣有一波又一波的困難和壓力襲來。因為你的選擇，你必須面對來自父母、師長、社會以及同儕的壓力，他們會覺得你這麼做不對、那樣想很怪，但只有你自己知道，你在為了目標奮鬥著，而這是你選擇走這條路時必將面臨的挫折和挑戰。

我在大學時期刻意地訓練自己的口才和辨事能力，總是在老師結束課程的時候舉手發問，在被問到有沒有人願意承擔責任時第一個舉手，也難免被某些人在暗地裡怒罵「×！都要下課了問什麼問？」或「這傢伙到底是在囂張臭屁什麼？」但，當我真的去突破自我也承擔責任之後，直到今天，從年輕時培養起來的能力，在在成為我突破難關、更上一層樓的養分，而那些選擇默不作聲、迴避責任的同學，大多一無所成、平凡度日。

所以，別再把對自己人生的責任，交付在別人手上，放膽去闖吧！我從來不是提倡要大家叛逆，而是當父母師長以他們的生活背景與經驗法則所看到的，已經不足以應付今日瞬息萬變的世界，並且與你的天賦和興趣大相徑庭時，用聰明有禮的方式回應溝通，但私底下傾全力朝自己的夢想邁進，應該是對你自己也是對於家人最好的應對之道。等你真的做出一些成績來時，一定能用那些具體的成就取得父母、師長的信任，轉而支持你的選擇。

國際大導演李安的學業成績上一再讓他的父親失望，但李安最後的成就，早已超過了父親原本的想像；知名作家和編劇家小野，曾經因為高中聯考成績不理想，被父親認為「人生完了」，好不容易後來有機會出國唸書，居然又放棄學位回到台灣從事電影編劇的工作，父子關係降到冰點，但今天的他，領導過台灣電影新風潮的變革、擔任過華視總經理、更出版過一本又一本的好書，深深激勵了好幾個世代。

還有更多更多有成就的人，都是因為不願意遵循既有的道路，堅持自己的理想，進而在自己的專業領域裡發光發熱，贏得眾人的尊敬與掌聲。相信我，只要你真的朝著自己的目標邁進，或許最後的成果不見得能如你原本所預期，但「一定餓不死的」，而且不只餓不死，還能讓你精神抖擻，笑著去應付人生中一個又一個的挑戰，因為你的每一次努力奮戰，都提升了自身的存在感，挫折反而像是充電，讓你更加鬥志昂揚。

以我自己為例，既然目標是國際級的激勵大師，就一定要想辦法「站上國際的舞台」，激起更多的媒體關注以及後續的經濟效益。於是就在各位看到這本書問世的九月份，我受邀到美國 Facebook 的總部進行一場《不要臉精神助你自我行銷、成為演講高手》（How "Shameless Spirit" Can Help You in Self-marketing and Public Speaking）的英語演說。其實能促成一場演講，也是我精心策劃安排後的結果。

話說我既然想站上國際的舞台，那麼能去 Facebook 這樣的公司演講，豈不是最好的曝光機會，同時塑造了個人品牌的高度嗎？於是我直接寫信給 Facebook 創辦人佐克伯。想當然耳，他根本鳥都不鳥我。這時我又發揮打死不退的精神，搜尋我自己的朋友圈，剛好發現以前在 UC Davis 唸書時的一位學長，正在 Facebook 服務，而且他正巧看到我在台灣上電視、做演說，主動來信支持鼓勵我。於是我抓住這個機會回信給他，表明自己想去他公司演講的想法，附上基本資料，請他詢問一下公司是否有找我去演講的意願。

結果，雖然 Facebook 的人資部門回覆說，今年已經找了某某名人演講，所以沒辦法邀請我，但他們公司的 Chinese@Facebook 這個由華人員工所組成的社團，卻對我感到十分好奇，想要邀請我前去演講。就這樣，九月份 Facebook 的演講就這麼確定了。

而且依照我的個性，一定會想在這樣一個旅程中，發揮它的最大效益，於是我又聯絡了 Google 和 YouTube 等也在加州灣區的公司，尋求去演講的可行性，等於一趟美國行，就將加州灣區最具全球知名度的公司都講過。這，對於塑造我個人國際講師品牌，絕對多所助益。而這些「好事」的起點，不過就是由一個想法開頭，再加上非常努力所達成的啊！

大家看到我背後的思維邏輯了嗎？夢想可以路過、走過，千萬不要錯過！機會不只是給準備好的人，也是給敢於夢想的人！

只要是你想做的事，就一定要用盡全力、想盡辦法去做，有時候這個方式不行，換個方式去做；這條路走不通，繞一下路同樣能夠達到目的，重點是絕不放棄！

在提升自我與發揮正面影響力這件事上付出努力，永不止息。
若能如此，你一定會過著精采的人生，發揮無與倫比的影響力，下一個新世代的夢想達人，非你莫屬！

國家圖書館出版品預行編目資料

我不是教你叛逆，而是要你勇敢 / 鄭匡宇 著 . Lon 圖 .--- 初版 .-- 臺北市：平裝本． 2014.9 面；公分（平裝本叢書；第 403 種）（iCON；37）
ISBN 978-957-803-926-1（平裝）

1. 自我實現 2. 激勵

177.2 103016856

平裝本叢書第 403 種
iCON 37
我不是教你叛逆，
而是要你勇敢
作　　者—鄭匡宇
繪　　圖—Lon
發 行 人—平雲
出版發行—平裝本出版有限公司
台北市敦化北路 120 巷 50 號
電話◎ 02-2716-8888
郵撥帳號◎ 18999606 號
皇冠出版社（香港）有限公司
香港上環文咸東街 50 號寶恒商業中心
23 樓 2301-3 室
電話◎ 2529-1778　傳真◎ 2527-0904
責任主編—龔橞甄
責任編輯—蔡維鋼
美術設計—程郁婷
著作完成日期— 2014 年 3 月
初版一刷日期— 2014 年 9 月
法律顧問—王惠光律師
有著作權 · 翻印必究
如有破損或裝訂錯誤，請寄回本社更換
讀者服務傳真專線◎ 02-27150507
電腦編號◎ 417037
ISBN ◎ 978-957-803-926-1
Printed in Taiwan
本書定價◎新台幣 260 元 / 港幣 87 元

• 皇冠讀樂網：www.crown.com.tw
• 小王子的編輯夢：crownbook.pixnet.net/blog
• 皇冠 Facebook：www.facebook.com/crownbook
• 皇冠 Plurk：www.plurk.com/crownbook

皇冠60週年回饋讀者大抽獎！600,000現金等你來拿！

參加辦法 即日起凡購買皇冠文化出版有限公司、平安文化有限公司、平裝本出版有限公司2014年一整年內所出版之新書，集滿書內後扉頁所附活動印花5枚，貼在活動專用回函上寄回本公司，即可參加最高獎金新台幣60萬元的回饋大抽獎，並可免費兌換精美贈品！

- 有部分新書恕未配合，請以各書書封（書腰）上的標示以及書內後扉頁是否附有活動說明和活動印花為準。
- 活動注意事項請參見本扉頁最後一頁。

活動期間 寄送回函有效期自即日起至2015年1月31日截止（以郵戳為憑）。

得獎公佈 本公司將於2015年2月10日於皇冠書坊舉行公開儀式抽出幸運讀者，得獎名單則將於2015年2月17日前公佈在「皇冠讀樂網」上，並另以電話或e-mail通知得獎人。

抽獎獎項

60週年紀念大獎1名：獨得現金新台幣60萬元整。

- 獎金將開立即期支票支付。得獎者須依法扣繳10%機會中獎所得稅。
- 得獎者須本人親自至本公司領獎，並於領獎時提供相關購書發票證明（發票上須註明購買書名）。

讀家紀念獎5名：每名各得《哈利波特》傳家紀念版一套，價值3,888元。

經典紀念獎10名：每名各得《張愛玲典藏全集》精裝版一套，價值4,699元。

行旅紀念獎20名：每名各得 deseño New Legend尊爵傳奇28吋行李箱一個，價值5,280元。

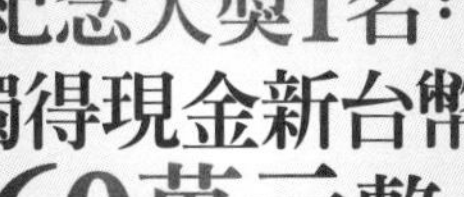

- 獎品以實物為準，顏色隨機出貨，恕不提供挑色。
- deseño 尊爵系列，採用質感金屬紋理，並搭配多功能收納內襯，品味及性能兼具。

時尚紀念獎30名：每名各得 deseño Macaron糖心誘惑20吋行李箱一個，價值3,380元。

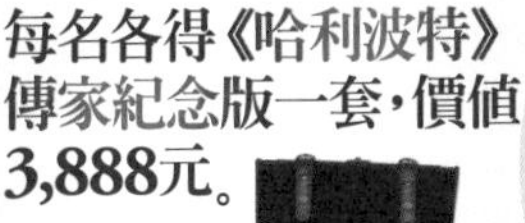

- 獎品以實物為準，顏色隨機出貨，恕不提供挑色。
- deseño 跳脫傳統包袱，將行李箱注入活潑色調與簡約大方的元素，讓旅行的快樂不再那麼單純！

詳細活動辦法請參見
www.crown.com.tw/60th

主辦：皇冠文化出版有限公司
協辦：平安文化有限公司
平裝本出版有限公司

慶祝皇冠60週年，集滿5枚活動印花，即可免費兌換精美贈品！

參加辦法 即日起凡購買皇冠文化出版有限公司、平安文化有限公司、平裝本出版有限公司2014年一整年內所出版之新書，集滿**本頁右下角**活動印花5枚，貼在活動專用回函上寄回本公司，即可免費兌換精美贈品，還可參加最高獎金新台幣60萬元的回饋大抽獎！

●贈品剩餘數量請參考本活動官網（每週一固定更新）。●有部分新書恕未配合，請以各書書封（書腰）上的標示以及書內後扉頁是否附有活動說明和活動印花為準。●活動注意事項請參見本扉頁最後一頁。

活動期間 寄送回函有效期自即日起至2015年1月31日截止（以郵戳為憑）。

贈品寄送 2014年2月28日以前寄回回函的讀者，本公司將於3月1日起陸續寄出兌換的贈品；3月1日以後寄回回函的讀者，本公司則將於收到回函後14個工作天內寄出兌換的贈品。

●所有贈品數量有限，送完為止，請讀者務必填寫兌換優先順序，如遇贈品兌換完畢，本公司將依優先順序予以遞換。●如贈品兌換完畢，本公司有權更換其他贈品或停止兌換活動（請以本活動官網上的公告為準），但讀者寄回回函仍可參加抽獎活動。

兌換贈品

●圖為合成示意圖，贈品以實物為準。

A 名家金句紙膠帶

包含張愛玲「我們回不去了」、張小嫻「世上最遙遠的距離」、瓊瑤「我是一片雲」，作家親筆筆跡，三捲一組，每捲寬1.8cm、長10米，採用不殘膠環保材質，限量1000組。

B 名家手稿資料夾

包含張愛玲、三毛、瓊瑤、侯文詠、張曼娟、小野等名家手稿，六個一組，單層A4尺寸，環保PP材質，限量800組。

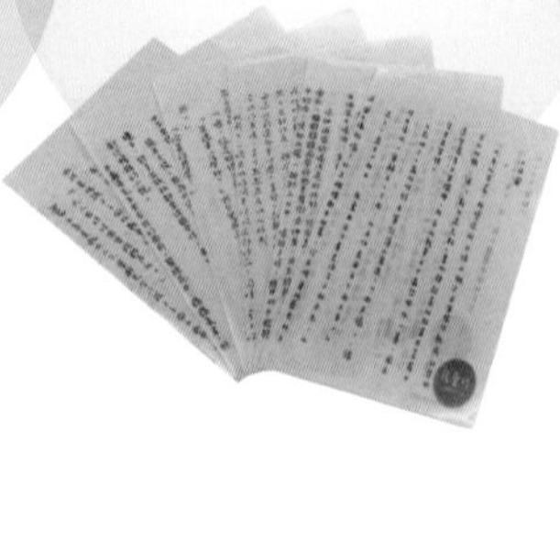

C 張愛玲繪圖手提書袋

H35cm×W25cm，棉布材質，限量500個。

詳細活動辦法請參見
www.crown.com.tw/60th

主辦：皇冠文化出版有限公司
協辦：平安文化有限公司 平裝本出版有限公司

60 印花